Naturschutz
Krise und Zukunft

Josef H. Reichholf

Suhrkamp

Die *edition unseld* wird unterstützt durch eine Partnerschaft
mit dem Nachrichtenportal *Spiegel Online*. www.spiegel.de

edition unseld 31
Erste Auflage 2010
© Suhrkamp Verlag Berlin 2010
Originalausgabe
Alle Rechte vorbehalten, insbesondere das
des öffentlichen Vortrags sowie der Übertragung
durch Rundfunk und Fernsehen, auch einzelner Teile.
Kein Teil des Werkes darf in irgendeiner Form
(durch Photographie, Mikrofilm oder andere Verfahren)
ohne schriftliche Genehmigung des Verlages reproduziert
oder unter Verwendung elektronischer Systeme
verarbeitet, vervielfältigt oder verbreitet werden.
Druck: Druckhaus Nomos, Sinzheim
Umschlaggestaltung: Nina Vöge und Alexander Stublić
Printed in Germany
ISBN 978-3-518-26031-9

1 2 3 4 5 6 – 15 14 13 12 11 10

Naturschutz
Krise und Zukunft

Inhalt

Vorwort 9

1 Artenschutz 15
   Die guten Arten 15
   Unkraut und Ungeziefer 26
   Seltenheiten 32

2 Biotop- und Landschaftsschutz 38
   Natürlich vs. unnatürlich 38
   Nostalgie 47
   Vielfalt vs. Vereinheitlichung 52

3 Gegen die Zeit 60
   Heimisch und fremd 60
   Veränderungsverbot 71
   Instrumentalisierter Naturschutz 81

4 Natur für Menschen 93
   Naturhaushalt 93
   Regulierungen 110
   Inwertsetzung 129

5 Quo vadis, Naturschutz? 141
   Hauptsorgen 141
   Hauptziele 150
   Zukunft 162

Nachwort 167
Literaturempfehlungen 169

Vorwort

Natürlich muß die Natur geschützt werden. Wer wollte dies grundsätzlich in Frage stellen? Wir sind für die Natur und nicht gegen sie. Wenn es allerdings um konkrete Maßnahmen zur Verwirklichung von Naturschutzzielen geht, bauen sich schnell Widerstände auf. Viele Einschränkungen halten wir dann für unnötig, für überzogen oder für wirtschaftlich nicht hinnehmbar. Naturschutz ja, aber praktizieren sollen ihn möglichst die anderen. Wer selbst betroffen ist, neigt zur Ablehnung. »Wozu ist diese Maßnahme eigentlich gut?« heißt es dann, »der Natur nützt ihr Schutz doch offensichtlich gar nicht so effektiv, wie er das sollte, es geht ihr doch immer schlechter!« Tatsächlich werden die Roten Listen der gefährdeten Arten länger und länger – allen im Interesse des Naturschutzes eingeführten Beschränkungen zum Trotz. Sogar die Natur selbst verhält sich angesichts der Bestrebungen, sie zu schützen, recht merkwürdig: Sie verharrt nicht in dem Zustand, in dem sie unter Schutz gestellt wurde, sondern entwickelt sich von diesem fort. Man muß sie dazu zwingen, in einem »optimalen Zustand« zu bleiben, den sie selbst anscheinend nicht kennt.

Kann es da nicht sein, daß die zentralen Konzepte des Naturschutzes selbst Mängel aufweisen? Wir wissen schließlich, daß die Natur ihrer Natur nach veränderlich ist. Das gezielte Konservieren eines bestimmten Zustands stellt zwangsläufig eine Stabilisierungsmaßnahme und damit einen Eingriff in die natürlichen Abläufe dar. Manche Baumaßnahmen haben sogar mehr »Natur« geschaffen, als vorher an Ort und Stelle vorhanden war. So sind viele Städte und ehemalige Industriegebiete heute deutlich artenreicher als gleich große Flächen in der »freien Natur«. Auf dem Land schwindet dagegen die Artenvielfalt. Das zeigen Untersuchungen von Naturschützern in aller Deutlichkeit. Auf Großflughäfen lebt so manche als hochgradig gefährdet eingestufte Art wie auf einer sicheren Insel. Viele Arten werden in unserer Zeit seltener, doch manche Tiere und Pflanzen breiten sich aus – trotz Naturschutz –, gleichzeitig kommen fremde Arten ins Land. Der Naturschutz will diese Arten nicht haben, schützt aber mit großem Aufwand die Fremdlinge von einst. Das Vorkommen bestimmter seltener Arten wird immer häufiger instrumentalisiert, um Baumaßnahmen zu blockieren. Siedeln sich Seltenheiten auf bebautem Gelände an, kann ihr Vorkommen weitere Bebauungen verhindern. Der Staat zieht über »Ausgleichsmaßnahmen« so etwas wie zusätzliche Steuern ein. Und der Naturschutz ist mit manchen seiner Vorbehalte und Einschränkungen heute schon ein massives Hindernis für die Forschung. Kurz: Die Lage ist verworren, Klärung dringend nötig.

Die UN-Konvention von Rio de Janeiro aus dem Jahr 1992 forderte die Erhaltung der Vielfalt des natürlichen Lebens auf der Erde. Sie erhob den Naturschutz damit zu einer zentralen Kultur- und Zukunftsaufgabe. Die meisten Staaten, auch Deutschland, versuchen allerdings, sich dieser Verpflichtung zu entziehen, wenn es darum geht, konkrete Maßnahmen zur Erhaltung der Biodiversität in Angriff zu nehmen. Sie werden verschleppt oder mit dem Hinweis auf die viel dringenderen und wichtigeren Maßnahmen gegen den Klimawandel bis fast zur Bedeutungslosigkeit zurückgestuft.

Naturschutz kann aber nur dann erfolgreich sein und nachhaltig wirken, wenn seine Notwendigkeit nachvollziehbar ist und seine Erfolge sichtbar sind. Seine »Verhinderungsstrategie«, die ihn allzulange brandmarkte, hat ausgedient, falls sie dem

Anliegen überhaupt jemals dienlich war. Naturschützer und Naturschutzverwaltungen kämpfen zudem vielfach an falschen Fronten oder für Zwecke, die mit ihrem eigentlichen Ziel wenig zu tun haben. Naturschützerische Einschränkungen halten die Menschen heute eher von der Natur fern, anstatt sie dazu einzuladen, sich ihr interessiert zuzuwenden. Die biblische Erbsünde stellt sich heute als Sünde wider die Natur dar: Der Mensch gilt von seiner Geburt an als Belastung für die Umwelt, er stört die natürliche Harmonie. Deshalb müssen wir von »der Natur« getrennt werden. Und wenn Aussperrung nicht möglich ist oder ein Eingriff nicht verhindert werden kann, ist ein entsprechender »Ausgleich« als eine Art Ablaßzahlung fällig. Wie einst im Mittelalter wird auch mit diesen »Ablässen« Handel getrieben. Das »Heil« wandert sodann vom Ort der bösen Tat zu einem anderen, an dem zwar kein Eingriff vorgenommen wurde, wo der »Ausgleich« aber dennoch willkommen ist – vor allem, wenn es sich dabei um Geld handelt. Als Argument für die Kompensation von Eingriffen durch Geld wird auf die sogenannten »Rote Liste«-Arten oder den (vermeintlich geschädigten) »Naturhaushalt« hingewiesen. Die gefährdeten »Rote Liste«-Arten sind allein wegen ihrer tatsächlichen oder angenommenen Seltenheit als Argument geeignet, Eingriffe von vornherein zu verhindern; der Hinweis auf den Naturhaushalt wird zumeist erst dann ins Feld geführt, wenn sich ein Eingriff, etwa weil keine »Rote Liste«-Arten betroffen sind oder aus sonstigen wichtigen Gründen, nicht verhindern läßt. Dann gilt es, den Schaden wiedergutzumachen, das gestörte natürliche Gleichgewicht wiederherzustellen. Wie groß dieser Schaden für den Naturhaushalt sein soll, ergibt sich merkwürdigerweise als Prozentsatz des finanziellen Volumens des entsprechenden Projekts und nicht aus dem Naturhaushalt selbst. Denn dieser läßt sich nicht in

Wert setzen und beziffern. Daher ist es einfacher, eine fiktive »Ökosteuer« von den Betreibern der Baumaßnahme zu erheben, weil sie so nicht als Steuer erkannt, sondern für eine Wiedergutmachungsleistung gehalten wird. Mehr zu diesem Thema unten (Seite 81 ff.), denn mit diesen Andeutungen sind wir schon allzutief in das Schlechte des Guten hineingeraten. Denn der Naturschutz war schließlich einmal eine rundum gute Sache. Er ist es nach wie vor, und er soll noch viel besser werden. »Besser« heißt hier zunächst vor allem: effizienter im Hinblick auf die Natur, die doch eigentlich geschützt werden soll. Besser aber auch für die Menschen. Denn die vielen Menschen, die die Natur lieben und schützen wollen, haben einen guten Naturschutz verdient. Einen besseren jedenfalls, als er gegenwärtig praktiziert wird. Wir brauchen einen Naturschutz, der ein Miteinander von Menschen und Natur zum Ziel hat; einen Naturschutz, der den menschenverachtenden Gegensatz »Hier der schlechte Mensch, dort die gute Natur« wieder auflöst. Kein schlechtes Gewissen soll er machen, der neue Naturschutz, sondern Freude.

Manche Naturschützer werden die nachfolgenden Darlegungen als eine Provokation empfinden. Und sie sind tatsächlich als Provokation gedacht, aber im positiven Sinn. Gerade weil der Naturschutz so vielen Menschen sehr viel bedeutet, sollten wir Naturschützer versuchen, das Bestmögliche zu erreichen. Selbstkritik ist angebracht, wenn sie weiterhilft. Wo sie mutlos macht, ist sie fehl am Platz. Deshalb brauchen wir solide und verläßliche Kriterien und die Bereitschaft, ehrlich Bilanz zu ziehen: Was hat eine bestimmte Maßnahme gebracht, was nicht und warum? Es kann nicht alles falsch gewesen sein, aber offensichtlich auch nicht alles ganz richtig. Wo wir uns im Hinblick auf die Ergebnisse des Naturschutzes befinden, das zeigt uns am besten die Natur selbst. Die Pflanzen, die Tiere und ihre Lebensstätten, die Biotope, geben mit ihren Vorkommen und ihrer Häufigkeit die Maßstäbe des Erfolgs vor, nicht die Absichten, die wir verfolgen. Jean-Jacques Rousseaus Überzeugung, es käme nicht auf das Handeln an, sondern auf die Motive, geht in die Irre, wenn das den betroffenen Lebewesen nicht hilft. Die gut zwei Jahrhunderte alte, romantisch-verklärte Naturbetrachtung paßt, wo es um das persönliche Naturerlebnis geht. Doch um der Natur selbst eine Zukunft zu geben, brauchen wir andere, viel bessere Wege.

1 Artenschutz

Die guten Arten

Warum stellt man Tiere und Pflanzen eigentlich unter Schutz? So naiv zu fragen, wagt heutzutage kaum noch jemand. Man weiß, daß wir sie brauchen, die natürliche Vielfalt. »Biodiversität« wird sie genannt, und erhalten bleiben soll sie uns und unseren Nachfahren. Den Fortbestand der Lebensvielfalt auf der Erde zu sichern, hat uns 1992 die UN-Biodiversitätskonvention auferlegt. Müßten da nicht eigentlich alle Arten geschützt werden? Schließlich soll doch keine einzige verschwinden? Das Ziel, die Biodiversität der Erde zu erhalten, schließt die ganze Lebensvielfalt ein, nicht bloß eine Auswahl davon. Weshalb gibt es dann immer noch geschützte und nicht geschützte Arten? Naturschützer werden entgegnen, ein umfassender Artenschutz sei zwar grundsätzlich richtig und wünschenswert, in der Praxis jedoch nicht notwendig. Schutzbedürftig seien eben nur jene Arten, die akut gefährdet sind. Im Umkehrschluß bräuchten Arten, denen es gutgeht, keinen Schutz. Das klingt vernünftig und praktikabel dazu. Ist es aber nicht. Denn unter den geschützten Arten gibt es sehr viele, die gar nicht gefährdet sind.

So sind zum Beispiel in Deutschland alle Singvögel geschützt. Gefährdet ist aber nur ein Fünftel der entsprechenden Arten. Amsel, Buchfink, Star oder Kohlmeise kommen bei uns in Millionenbeständen vor. Krähen, Elstern und Eichelhäher sind zwar auch Singvögel, aber viel seltener. Dennoch werden sie in Deutschland Jahr für Jahr zu Hunderttausenden abgeschossen. Ausnahmeregelungen ermöglichen das. Gleichzeitig fallen Vögel wie zum Beispiel der Star, die bei uns geschützt sind, in anderen

EU-Ländern zu Millionen gezielten Bekämpfungsmaßnahmen zum Opfer. Seltene Vögel werden unter anderem getötet, weil sie »jagdbar« sind und die Jäger auf ihren Abschuß nicht verzichten wollen. Zu diesen jagdbaren Vögeln zählen Rebhühner, Waldschnepfen und Greifvögel wie Habicht und Mäusebussard.

Noch krasser verhält es sich bei anderen Tiergruppen. So sind alle Laufkäfer geschützt, ganz unabhängig davon, ob sie wirklich selten oder aber weit verbreitet sind. Auch viele Schmetterlinge, Libellen und weniger bekannte Gruppen von Insekten sowie viele Pflanzen stehen unter Schutz. »Ist doch gut so«, könnten die Naturschützer nun dagegenhalten, »lieber zu viele Arten schützen als zu wenige.« Und mit diesem Argument schließt sich der Kreis: Warum dann nicht alle Arten schützen – von wirklich begründeten Ausnahmen abgesehen? Zweifelsohne wäre das die bessere Lösung. Wenn schon Tausende von Tier- und Pflanzenarten allein in Deutschland unter Naturschutz stehen, wäre es vermutlich sogar einfacher, alle zu schützen. Dann bräuchten Schutzmaßnahmen für einzelne Arten keine große Begründung mehr. Eine solche wäre nur noch für die Ausnahmen nötig. Die Naturschutzverwaltungen sähen sich dann auch nicht länger der beinahe unmöglichen Herausforderung gegenüber, alle geschützten Arten auch erkennen zu können. Denn das gelingt kaum einem Spezialisten aus der Zoologie und Botanik.

Es gibt eine zweite, weniger bekannte Grundlage, auf die sich der Artenschutz stützt: die »Roten Listen der gefährdeten Arten«. Auf diesen wird das tatsächlich im betreffenden Rechtsgebiet (Bundesland, Staat, Europäische Union oder die ganze Welt) vorhandene Spektrum von Arten nach dem Grad der Gefährdung sortiert. »Vom Aussterben bedroht« ist die höchste Kategorie, »Gefährdung anzunehmen« die niedrigste. Dazwischen kann in »stark gefährdet« und »gefährdet« unterteilt werden. Bei kleineren Gebietseinheiten, etwa Bundesländern, wird ergänzend berücksichtigt, ob die betreffende Art am Rand ihres an sich viel größeren Siedlungsgebiets (das gesamte Gebiet ihres Vorkommens wird Areal genannt) lebt und allein wegen dieser Randlage an dieser Stelle selten ist und hier deswegen als mehr oder weniger stark gefährdet oder gar als schon »ausgestorben« gilt. Es gibt zwar noch Angehörige solcher Arten, vielleicht sogar sehr häufig, aber eben anderswo.

Auch die Methode der »Roten Listen« sieht auf den ersten Blick sehr vernünftig aus. Schließlich unterscheidet man dabei zwischen den wirklich schutzbedürftigen und den übrigen, nicht gefährdeten Arten. Damit scheint dieses Verfahren objektiver zu sein als der allgemeine Schutz, der zum überwiegenden Teil häufige, ganz und gar ungefährdete Arten betrifft. Mal angenommen, es geht um die Frage, ob ein Baum gefällt werden soll, dann muß ein Kohlmeisenpaar nicht unbedingt genau diesen Baum haben, auch wenn es darin letztes Jahr gebrütet hat. Es wird auch einen Nistkasten in der Nähe annehmen. Befindet sich in diesem Baum aber ein größeres Quartier von seltenen Fledermäusen, wird die Beurteilung anders ausfallen.

Befreit das System der »Roten Listen« den Artenschutz also aus seiner Rechtfertigungsklemme, weil es klar unterscheidet zwischen den häufigen, nicht gefährdeten und den seltenen, bedrohten Arten? Leider nur zum Teil – und das ist das eigentliche Problem. Denn bei den »Roten Listen« (der Name ist insofern bezeichnend) handelt es sich schließlich um »Listen« und damit um Papier. Anders als die Bestimmungen des allgemeineren Artenschutzes, beim Schutz der Singvögel etwa, die nicht gefangen und deren Nester nicht zerstört werden dürfen, können sie praktisch nur bei Baumaßnahmen herangezogen werden. Bei den geschützten Vögeln ist es verboten, ihnen nachzustellen, ihre

Nester zu zerstören, die Eier zu entnehmen oder sie (ohne Sondergenehmigung) zu halten; ja sogar die Federn, die sie verlieren, sind als »Teile« dieser geschützten Arten tabu. Sie sollen vom Menschen möglichst unbehelligt leben können. Allenfalls aktive Hilfen, wie Nistkästen und (Winter-)Fütterung oder die Bewachung ihrer Brutplätze sind erlaubt. Den »Rote Liste«-Arten soll insbesondere zugute kommen, daß ihre Lebensstätten (Habitate oder Biotope genannt) nicht verändert, vor allem nicht bebaut werden dürfen. Wenn es sich um Insekten, Schnecken und Muscheln oder Pflanzen handelt, ist es außerdem nicht erlaubt, sie ohne Ausnahmegenehmigung zu sammeln. Geht es den »Rote Liste«-Arten damit nicht eindeutig besser als den anderen?

Leider trügt wiederum der Schein. Denn was im Zusammenhang mit aktiven Veränderungen wie Baumaßnahmen für die Verursacher höchst kostspielig werden kann, weil sie Ausgleichsleistungen für ihren Eingriff erbringen müssen, bleibt in bezug auf genehmigungsfreie Tätigkeiten wirkungslos. So können Landwirte Wiesen, auf denen zahlreiche »Rote Liste«-Arten leben, uneingeschränkt mähen und düngen, weil das zur ordnungsgemäßen, also zur normalen Bewirtschaftung gehört. Das gilt auch dann, wenn dabei gefährdete Arten dezimiert oder lokal ausgerottet werden. Ein Grundstück, das für eine spätere Baumaßnahme reserviert wurde, auf dem sich dann jedoch »Rote Liste«-Arten ansiedeln, dürfte zwar landwirtschaftlich genutzt, ein Bauprojekt könnte jedoch verboten werden. Läßt sich eine Baumaßnahme rechtlich durchsetzen, weil sie sich als unverzichtbar erweist, muß jedoch ein Ausgleich geleistet werden. Der Bauherr muß dann möglicherweise »Ausgleichsflächen« für den sogenannten »Flächenverbrauch« seines Gebäudes ankaufen. Alternativ werden entsprechend hohe Zahlungen fällig, die einer »Öko-« oder »Naturschutzsteuer« gleichkommen, von der oben bereits die Rede war. Sie fließen in andere Naturschutzmaßnahmen. »Aber das ist doch ganz in Ordnung so«, werden nun die Naturschützer sagen. »Wer in die Natur eingreift, soll seinen Eingriff auch wieder ausgleichen. Das ist nur recht und billig.« Ob es recht ist, soll nachfolgend noch etwas tiefergehend betrachtet werden. Billig ist es gewiß nicht – außer für den Staat. Denn die Ausgleichszahlungen können in die Millionen gehen. Vorausgesetzt, diese Mittel werden als notwendig für den Naturschutz erachtet, ist klar, daß der Staat ein gutes Geschäft macht, weil er dieses Geld in Form einer Sondersteuer, die als solche nicht ausgewiesen ist, von privaten Unternehmen einzieht, anstatt aus eigenen Mitteln das Nötige für den (staatlichen) Naturschutz zur Verfügung zu stellen. Bei Baumaßnahmen des Staates, etwa beim Bau von Bundesautobahnen, findet ein entsprechender Flächenausgleich hingegen nicht statt. Es gibt nur landschaftspflegerische Begleitmaßnahmen wie die aus der Sicht des Artenschutzes gar nicht immer wünschenswerte Begrünung der Seitenbereiche der Autobahntrassen.

Der Bevölkerung bietet dieses System einerseits ein probates Mittel, ungewollte bauliche Veränderungen vor Ort, etwa Autobahnen oder Krankenhäuser, zu verhindern oder zumindest zu verzögern, weil sich im Grunde genommen überall irgendwelche »Rote Liste«-Arten finden lassen, mit deren »Hilfe« das geht. Andererseits verteuert und verzögert das notwendige Baumaßnahmen jedoch oft enorm, und die Naturschützer werden einmal mehr als »große Verhinderer« abstempelt.

Die gefährdeten Arten, um deren Schutz es hier eigentlich gehen sollte, haben von alldem in den meisten Fällen so gut wie nichts. Die drei Hauptgründe sind für Experten so offenkundig wie der breiteren Öffentlichkeit unbekannt: *Erstens* sind viele Arten von Natur aus selten. Verleiht man ihnen nun den

Status »geschützt« oder setzt man sie auf eine »Rote Liste«, hilft man ihnen damit kein bißchen. Es sei denn, es handelt sich um Arten, die früher intensiv verfolgt wurden und die nun tatsächlich nicht mehr gejagt oder gefangen werden dürfen. Dazu später mehr. *Zweitens* gibt es oft kaum einen nachweisbaren Zusammenhang zwischen Baumaßnahmen und der Häufigkeit bzw. Seltenheit einer Art. So brüteten nach Fertigstellung des Münchner Großflughafens mehr Paare der in Bayern sehr seltenen Großen Brachvögel auf dem Gelände als vorher im Erdinger Moos vorhanden waren. Wenn eine Baumaßnahme allerdings ein besonderes Biotop zu zerstören droht, kann das eine ganze Reihe »Roter Liste«-Arten treffen. In solchen Fällen bräuchte man diesen Schutzmechanismus allerdings gar nicht, da die betroffene Fläche als »Biotop« bereits ausreichend charakterisiert ist und theoretisch auch geschützt sein sollte. Der Artenschutz bezieht sich ja auf die geschützten Arten allgemein und unabhängig davon, wo diese genau vorkommen, während der Biotopschutz konkret die Fläche betrifft. Diese »Biotop-Problematik« behandle ich in Kapitel 2 ausführlicher. *Drittens* bleiben örtliche Vorkommen von »Rote Liste«-Arten kaum jemals über längere Zeit stabil, es sei denn, es handelt sich um ganz besondere Biotope. Denn die örtlichen Vorkommen, die Lokalpopulationen, der seltenen Arten schwanken in ihrer Häufigkeit sehr. Sie verschwinden an einem Ort, siedeln sich nach mehreren Jahren wieder an oder tauchen plötzlich an Stellen auf, an denen sie vorher nicht anzutreffen waren.

Diese Fluktuation ist natürlich und kennzeichnend. Gerade die Kleintiere sind nicht annähernd so stabil in ihren Vorkommen wie die Bäume und Wälder. Bäume, die Hunderte von Jahren alt werden können, lassen sich nicht direkt mit Schmetterlingen oder Käfern und auch nicht mit kleinen Blütenpflanzen vergleichen, deren Lebensdauer unter einem Jahr liegt. Auf unsere menschliche Lebensspanne bezogen, sind Bäume »stabil« und Wälder dauerhaft, Insekten und anderer kleine Lebewesen aber fluktuieren in ihren Vorkommen stark. Die Dauerhaftigkeit eines Vorkommens muß man somit auf die durchschnittliche Lebensdauer der betreffenden Art beziehen, nicht auf unsere »Menschenzeit«. Die Natur ist dynamisch, sie verändert sich permanent. Man kann zwar einen bestimmten Zustand zu einem bestimmten Zeitpunkt feststellen, man kann diesen Zustand aber nicht objektiv als Norm oder als wissenschaftlich begründeten Soll-Wert festlegen. Bei den Erhebungen zum Vorkommen seltener Arten handelt es lediglich um Momentaufnahmen von Konstellationen, die in aller Regel nicht von Dauer sind – vor allem dann nicht, wenn die betreffende Fläche sich selbst überlassen bleibt. Auch davon später mehr.

Wichtiger ist jedoch die Frage, ob diese Form des Schutzes für die »Rote Liste«-Arten über die Jahrzehnte hinweg etwas gebracht hat. Die Suche nach Antworten gestaltet sich hier – gelinde gesagt – ziemlich schwierig, denn Erfolgskontrollen gibt es so gut wie nicht. Die offizielle Bilanz zeigt allerdings das Gegenteil: In den vergangenen drei Jahrzehnten wurden im Bereich des Artenschutzes nur wenige Verbesserungen erzielt. Insgesamt muß eine fortschreitende Gefährdung der in den Roten Listen erfaßten Arten festgestellt werden. Wo Arten in niedrigere Gefährdungsklassen zurückgestuft werden konnten, sind die Gründe weitestgehend klar: Entweder hatte man ihr Vorkommen und ihre Häufigkeit zunächst unterschätzt, was später zu Korrekturen zwang; oder es gab tatsächlich deutliche Bestandszunahmen. Diese lassen sich nahezu ausschließlich auf Maßnahmen zurückführen, die die Lebensbedingungen für die betreffenden Arten nachhaltig verbesserten. So profitierten manche Kleintiere, die in Bächen oder Flüssen leben und sauerstoffbedürftig sind, von der verbesserten Wasserqualität (während viele andere, wegen der Verschmutzung der Gewässer mit organischen Abfallstoffen früher häufige Arten als bedroht gelten, seit die Abwässer besser gereinigt werden; so verhält es sich zum Beispiel mit vielen Großmuscheln in Flüssen und Seen).

Zugenommen haben insbesondere die Bestände von Arten, die seit mehreren Jahrzehnten nicht mehr bejagt werden dürfen. In diese Kategorie fallen die wirklich spektakulären »Comebacks« des Artenschutzes, etwa die Rückkehr der Adler, der Reiher und der Wölfe. Für die allermeisten »geschützten Arten«, so zum Beispiel für die Fledermäuse, Singvögel, Kriechtiere und Lurche sowie für geschützte Insekten, brachten die allgemeinen Schutzbestimmungen hingegen offenbar kaum Verbesserungen. Denn die Inschutznahme verhinderte nicht, daß ihre Lebensbedingungen nachhaltig zum Negativen verändert wurden. Am wenigstens profitierten jene »Rote Liste«-Arten, die oft instrumentalisiert werden, um Baumaßnahmen zu verhindern. Sollte es noch weitere Erfolge im Artenschutz gegeben haben, die nicht mit der Einstellung der Jagd oder der Verschonung bestimmter Tiere und Pflanzen vor direkten Nachstellungen verbunden sind, so haben die Naturschützer diese merkwürdigerweise nicht veröffentlicht.

So erholten sich beispielsweise die Restbestände mancher Arten, die in Feuchtgebieten leben. Langsam zwar, aber doch deutlich feststellbar, breitet sich etwa der Fischotter wieder aus. Die Erholung seiner Restbestände begann in Niederösterreich, aber auch andernorts geht es mit dem Wassermarder allmählich wieder aufwärts. Er profitierte von dem Umstand, daß in den Abwässern heute deutlich weniger Waschmittelrückstände enthalten sind, die die isolierende Wirkung seines Fells beeinträchtigen. Außerdem ging die Verfolgung durch die Fischerei zurück. Die weithin erfolgreiche Wiedereinbürgerung des Bibers in Mitteleuropa gehört zu den größten Erfolgsgeschichten des Artenschutzes im 20. Jahrhundert. Gegenwärtig leben in Europa weit mehr Biber als vor 200 Jahren. Diese Tiere ernähren sich rein pflanzlich, fallen also nicht in die stets umstrittene Kategorie der »Fischfresser« oder »Raubtiere«. Sie profitieren vom Trend zum »Rückbau« der vorher so aufwendig und teuer ausgebauten Gewässer und natürlich vor allem davon, daß sie praktisch nicht bejagt werden. Daher konnte der Biber sich an Stellen niederlassen, etwa an der Isar in München, die sonst für ein solch scheues Tier unannehmbar gewesen wären. Zugenommen haben zudem Großvögel wie Kormorane, Reiher, Störche, Gänse, mehrere Arten von Enten, Greifvögel (unter ihnen vor allem die vorher weithin ausgerotteten Adler) und »bunte« Arten wie zum Beispiel die Bienenfresser. Auch diese Arten wurden früher bejagt. Ihre Wiederkehr beweist, daß die Abschüsse die Hauptursache ihrer Seltenheit bzw. ihres großräumigen Verschwindens waren. Im Hinblick auf diese Tiere gibt es im Gegensatz zu vielen anderen, meist kleinen und unauffälligen Arten eindeutige Belege für den Erfolg der entsprechenden Schutzmaßnahmen.

Bei einigen dieser Arten, etwa den Bibern, haben sich die Bestände so rasant erholt, daß man ihre weitere Bestandsentwicklung wird kontrollieren müssen. Daß es auch bei bejagten Arten zu einem starken Anstieg der Häufigkeit kommen kann, steht dazu nicht im Widerspruch. Rehe und Wildschweine etwa haben in unserer Zeit so ausgezeichnete Lebensbedingungen, daß gerade ihre Bejagung die Bestände hochproduktiv hält. Mit herkömmlichen Jagdmethoden allein kann man ihre Bestände gar nicht mehr auf dem gewünschten niedrigeren Niveau regulieren.

Tiere, zumal große und eindrucksvolle Arten, stehen meist im Vordergrund des Artenschutzes. Doch wie sieht es eigentlich bei den geschützten Pflanzen und den »Rote Liste«-Arten der Flora aus? Mit den schönen Alpenblumen fing der Naturschutz einst an. Edelweiß, Enzian(e), Alpenrosen und Orchideen wie der Frauenschuh verbinden auffällige Schönheit mit Seltenheit. Der Artenschutz richtete sich daher im Bereich der Pflanzen zunächst vornehmlich am ästhetischen Empfinden aus. Schönheit wirkt, und sie läßt sich mit der Sorge um die bedrohten Arten verbinden. Raritäten haben daher stets einen herausgehobenen Rang. Allerdings war beim Pflanzenschutz von vornherein klar, daß es weitaus wichtiger ist, die Lebensräume zu erhalten, als die einzelnen Arten zu schützen. Dem individuellen Schutz diente dabei das Ausgrabe- und Pflückverbot. Ob entsprechende Maßnahmen erfolgreich waren oder nicht, wurde auch bei den geschützten Pflanzen nur in Ausnahmefällen ernsthaft übergeprüft. Vermeintliche Erfolge erwiesen sich als trügerisch, weil die Natur selbst gegen das Schutzziel arbeitete. So verlor manches Schutzgebiet Arten, die darin eigentlich geschützt werden sollten, weil mit der Zeit die zuvor offenen Flächen zugewachsen sind. Die Inschutznahme führte nicht dazu, daß sich im Schutzgebiet ab diesem Moment nichts mehr änderte und der Zustand, der als besonders schutzwürdig eingestuft worden war, erhalten blieb. Nur unter ungewöhnlichen Bedingungen, etwa auf extrem nährstoffarmen Böden oder in Gebieten mit einem besonders niedrigen, das Wachstum der Pflanzen beeinträchtigenden Grundwasserspiegel, erwiesen sich die Biotope der geschützten Arten als dauerhaft genug, um die Vorkommen der entsprechenden Pflanzen wenigstens für einige Jahrzehnte zu sichern. Nicht selten reichten schon wenige Jahre des Schutzes aus, um die natürlicherweise ablaufenden Veränderungen sichtbar werden zu lassen. Die Schutzmaßnahmen haben diese nicht nur nicht aufgehalten, sondern sogar beschleunigt.

Mit diesem Befund verbindet sich eine der zentralen Herausforderungen, die es in Zukunft im Bereich des Flächenschutzes zu lösen gilt. Hier geht es zunächst nur darum, festzuhalten, daß auch bei den Pflanzen die beiden skizzierten Formen des Artenschutzes (Artenschutz und Rote Listen) weit weniger bewirkt haben, als man erhofft hatte. Nicht selten müssen Naturfreunde ohnmächtig mit ansehen, wie geschützte Pflanzen den Mähmaschinen zum Opfer fallen – nicht nur auf Feldern übrigens, sondern auch im Zuge maschineller Pflegemaßnahmen etwa an Böschungen, Straßen oder auf öffentlichen Grünflächen in den Städten. Die kleine Orchidee, deren detailreiche Schönheit Pflanzen- und Naturfreunde bewundern, dürfen diese jedoch selbst dann nicht mit nach Hause nehmen, wenn die Pflanzen bereits abgemäht am Boden liegen. Ähnliches kann auch dem Bergwanderer widerfahren, der Edelweißblüten findet, die von Steinböcken abgebissen wurden. Er muß sie liegen lassen, mögen die filzig-weißen Sterne auch noch so verlockend aussehen. Immerhin ist es nach wie vor erlaubt, einige der schönen, nicht besonders streng geschützten Pflanzenarten in einem »Handsträußchen« mitzunehmen. Skeptische bis böse Blicke erntet heute allerdings, wer sich tatsächlich so ein Handsträußchen aus »erlaubten Arten« mitnimmt. Denn welcher Spaziergänger, dem er auf dem Rückweg begegnet, kann schon die geschützten von den nichtgeschützten Arten unterscheiden?

Unkraut und Ungeziefer

Prinzipiell wäre es vorstellbar, ich habe darauf oben bereits kurz hingewiesen, einfach alle Arten freilebender Tiere und wildwachsender Pflanzen grundsätzlich zu schützen. Nur aus nachvollziehbaren, vernünftigen Gründen wäre es dann erlaubt, sie zu jagen, zu fangen, zu sammeln oder zu pflücken. Die Bejagung stellte unter diesen Bedingungen die (begründete) Ausnahme dar, dasselbe gälte dann für das Vergiften zum Zweck des Pflanzenschutzes, aber auch für das Sammeln von Schmetterlingen, Käfern und anderen Insekten oder das Anlegen eines Herbariums, wo es dabei um die genauere Beschäftigung mit der Natur geht. Warum wird diese Vorstellung ein Wunschbild bleiben? Ein Wunschbild ist sie, wohlgemerkt, nur bei uns, nicht überall auf der Erde. Denn im Hinduismus ist diese Einstellung gelebte Wirklichkeit und damit die kennzeichnende Haltung von rund einer Milliarde Menschen gegenüber den anderen, nichtmenschlichen Lebewesen. Dieser Hinweis ist nicht unwichtig, weil man allzu leicht Gefahr läuft, das im eigenen Kulturkreis Praktizierte für universell zutreffend oder gar für ein Wesensmerkmal des Menschen zu halten.

Wir sortieren Pflanzen und Tiere gewöhnlich nach zwei oder drei Kategorien. Die eine enthält alles, was nützlich und schön ist oder zumindest dafür gehalten wird; die andere das Unnütze, Unschöne und Schädliche. Dazwischen liegt bisweilen eine dritte Kategorie mit jenen Arten, denen wir indifferent gegenüberstehen. Sie genießen nicht viel Beachtung und noch weniger Achtung. Wie wenig verbreitet nämlich die Akzeptanz von Lebewesen, die weder für gut und nützlich noch für schlecht und schädlich gehalten werden, im westlichen Denken ist, zeigt die notorische Frage an Naturschützer, wofür diese oder jene

Art denn eigentlich *gut* sei. Sie präsentieren daraufhin meistens eine wortreiche Erklärung, in der es um den Naturhaushalt geht. In diesem habe eben jede Art »ihren Platz« und »ihre Rolle«/»Aufgabe«/»Notwendigkeit«. Fast erübrigt es sich, auch hier anzufügen: ohne Nachweis, daß dem tatsächlich so ist. Was es mit dem »Naturhaushalt« und dem »Ökosystem« eigentlich auf sich hat, werde ich später ausführlicher erörtern. Halten wir an dieser Stelle zunächst fest, daß wir daran gewöhnt sind, die Arten (zumindest auch) nach ihrem Nutzen oder dem potentiellen Schaden einzustufen, den sie uns oder ihrer Umwelt zufügen können. Dabei wird sofort klar, daß beide Seiten der Unterscheidung nützlich vs. schädlich stets irgendeinen Bezug haben müssen. Nützlich kann eine Art nur für irgend etwas sein, das wir für gut und nützlich halten. Deswegen bemühen Naturschützer und Ökologen so oft den Naturhaushalt, für den die betreffenden Arten angeblich gut sein sollen, wenn eine nachvollziehbare Begründung für den Bereich des Menschen nicht zu erbringen ist. Dann sind die Stechmücken »gut« für die Schwalben und andere von Kleininsekten lebende Singvögel, auch wenn diese in Wirklichkeit kaum jemals nennenswerte Mengen von Stechmücken fangen. Daß die Mücken auch in Spinnennetze fliegen, wo sie dann von den Spinnen vertilgt werden, erwähnen die Naturschützer eher selten, weil sie wissen, daß dieses Argument angesichts der weitverbreiteten Abscheu gegenüber Spinnen auf wenig Gegenliebe stoßen würde. Also weist man lieber darauf hin, daß die Mückenlarven den Fischen als Futter dienen. Wiederum zeigt jedoch der genauere Blick, daß es gerade die fischfreien Kleingewässer sind, aus denen die meisten Stechmücken kommen; und wenn es sich bei »den Stechmücken« gar um die zur Verbreitung von Malaria fähige Art *Anopheles maculipennis* handelt, läßt sich ihr Platz im Naturhaushalt noch weniger gut begründen. Das eine – deutlich breitere – Ende des Spektrums der Arten, das allein in Mitteleuropa Zehntausende umfaßt, die meist nur von wenigen Spezialisten erkannt werden, landet, da der Bevölkerung gemeinhin unbekannt, somit meist in der Kategorie der unnützen Arten, günstigstenfalls in der Kategorie jener, denen wir indifferent gegenüberstehen.

Wenn nun Naturschützer ihren Widerstand gegen ein Bauvorhaben von öffentlichem Interesse mit dem Verweis auf ein Tierart aus dem Spektrum jener »Rote Liste«-Arten rechtfertigen, die die meisten Menschen nicht kennen oder für unnütz halten, dann stößt diese Argumentation auf Unverständnis oder Ablehnung. Betrachten wir daher das andere Ende des Spektrums, die bekannteren, größeren und auffälligeren Arten. Nützlich und damit »gut« sind jene Tiere, die die Menschen auch »nutzen« können. Viele Bäume gelten zum Beispiel als nützlich, weil sie Holz oder Hackschnitzel für die Heizung liefern. Das Holz anderer Bäume hingegen ist weniger wert, oder ihre Bestände können durch »bessere« Baumarten wie Fichten ersetzt werden. Das Ergebnis solcher Nützlichkeitserwägungen sind Forste, die von Naturwäldern ähnlich weit entfernt sind wie Getreidefelder von Natursteppen. Auch im Grünland, in Parkanlagen, in Gärten, ja, eigentlich fast überall, wo Pflanzen wachsen, wurde und wird nach nützlich und unnütz sortiert – sogar in Naturschutzgebieten. Wenn sich darin Arten einfinden und ausbreiten, die »nicht dorthin gehören«, werden sie bekämpft und nach Möglichkeit ausgerottet, obwohl im betreffenden Gebiet die Natur eigentlich geschützt werden soll. Auch dazu später mehr.

Bei den Pflanzen ist es wegen ihrer Bodenverbundenheit vergleichsweise leicht, das Erwünschte vom Unerwünschten zu trennen, nötigenfalls auch mit Gift. Selbst wenn ein stattlicher Baum gefällt wird, geht das nur wenigen Menschen ans Herz.

Beim großen Bären Bruno war es hingegen anders. Der Todesschuß hatte in Bayern sogar landespolitische Konsequenzen. Die Bevölkerung war emotional geteilt in die zahlenmäßig ungleich größere Fraktion derer, die Bruno leben lassen wollten, gegebenenfalls auch in einem »schönen« Großgehege, und die kleine Minderheit der allzu Besorgten, die im Bären eine Gefahr für Leib und Leben und für die Zivilisation erblickten. Bruno wurde in der bayerischen Staatsregierung eine ganze »Bärengruppe« und sogar ein Managementplan gewidmet. Ähnlich bedeutungsgeladen und umstritten sind die Wölfe in Ostdeutschland. Die Zigtausende Hundebisse, die alljährlich in Deutschland zu Verletzungen und bisweilen zum Tod von Menschen führen, werden aus der Diskussion um den Wolf und seine Wiederkehr ausgeblendet, als ob es die Hunde als Abkömmlinge des »Raubtiers« Wolf bei uns gar nicht gäbe. Zahlreiche Tote und viele verletzte Menschen reichten nicht einmal aus, für potentiell gefährliche Hunde Leinenzwang und Maulkörbe in der Öffentlichkeit durchzusetzen. Beim Wolf hingegen obsiegen die Märchen und uralte Schauergeschichten über den Verstand.

Bewegen wir uns von dieser Frontlinie besonderer Großtiere hinein in die übrige Tierwelt, so führt uns der Weg zunächst in das sehr artenreiche Spektrum der »jagdbaren Arten«. Für die meisten Säugetiere über Ratten- und Vögel über Taubengröße haben gemäß dem deutschen Jagdrecht die Jäger das Sagen. Nicht mehr uneingeschränkt allerdings, denn tatsächlich bleibt der größte Teil der als »jagdbar« eingestuften Arten heute ganz oder weitgehend von der Bejagung verschont. So verhält es sich mit den meisten Arten der Wasservögel, mit vielen Greifvögeln und den Eulen oder auch mit Störchen wie dem Schwarzstorch. Prinzipiell sind jedoch nach wie vor die Jäger »zuständig«, nicht die (staatlichen) Naturschützer. Das hat zur Folge, daß laut Landesjagdgesetz ein tot aufgefundener Seeadler nicht etwa in ein staatliches Museum kommt und der Forschung zur Verfügung gestellt wird, sondern dem Revierinhaber gehört, obgleich der Seeadler ganzjährig und seit vielen Jahren geschützt ist und auch international in die höchste Schutzkategorie gehört. Das Jagdrecht verhindert, daß jagdbare, einer regulären Jagdzeit unterworfene Arten wie das Rebhuhn »unter Schutz gestellt« werden können, selbst wenn ihre Seltenheit dies längst notwendig macht. Die regionale Vollschonung des ebenfalls jagdbaren Birkhuhns konnte erst durchgesetzt werden, als die Art im außeralpinen Raum schon weithin verschwunden war. Die Diskussion um die Bejagung bzw. Vollschonung aller Greifvögel sorgt nach wie vor für heftige Spannungen zwischen Jägern und Naturschützern, weil allzu bereitwillig Ausnahmegenehmigungen für Abschüsse erteilt werden, die im Falle von Mäusebussard und Habicht regulären Jagdzeiten gleichkommen. Ähnlich verhält es sich mit der Bejagung der Rabenvögel. Gerade bei ihnen kommt die alte Spaltung in Gut und Böse besonders drastisch zum Ausdruck, sind doch auch viele Vogelschützer und Naturfreunde der Meinung, es gebe zuviel von dem »schwarzen Gesindel« und man müsse es »kurzhalten«.

Mit zweierlei Maß wird häufig gemessen. So droht einigen Arten der vollständig geschützten Lurche die »Ausweisung«, wenn sie es wagen, laut zu quaken, selbst wenn das ihrer Natur entspricht. Stören ihre Rufe aus dem Gartenteich die Nachbarn, können Rechtsstreitigkeiten durchaus zu ihren Ungunsten ausgehen. Artenschutz ja, aber nicht im Wohngebiet. Noch verworrener wird die Lage, wenn umgekehrt aus Gründen des Naturschutzes verboten wird, die Delinquenten auszubürgern, da das Umsetzen geschützter Amphibien artenschutzrechtlich verboten ist. Oder wenn es Naturfreunden nicht gestattet wird,

Laich von Fröschen, Kröten oder Molchen in ihren nachbarschaftlich unproblematischen, mit viel Liebe und Sachkenntnis angelegten Gartenteich einzutragen, auch wenn die Eier draußen im austrocknenden Tümpel zugrunde gehen. Auch darauf ist noch zurückzukommen, weil gerade in diesem Bereich der Kleinabgrabungen, Kies- und Sandgruben Maßnahmen des Naturschutzes sehr viele Tierarten, die in Tümpeln oder Kleingewässern leben, auf die Roten Listen und um ihre Lebensräume gebracht haben.

Kein Wunder, daß innerhalb der großen, höchst vielfältigen und von den unterschiedlichsten Eigeninteressen getragenen Gruppierung der »Naturschützer« ganz gegensätzliche Sichtweisen oft recht heftig aufeinanderprallen. Da wollen Vogelschützer den kleinen Bestand an Gänsesägern, eine Entenart, die von Fischen lebt, erhalten und fördern, weil diese in Süddeutschland seltene Art lediglich in ein paar hundert Brutpaaren vorkommt (sie sind somit etwa so selten wie der Weißstorch). Den Angelfischern ist das aber viel zuviel, weil die Säger von Fischen leben, die die Fischer für sich beanspruchen. Sie argumentieren, die Vögel würden hochgradig bedrohte Fischarten wie die Äsche zusätzlich gefährden, und sind sich dessen auch ohne Nachweis ganz sicher. Auch die Kormorane sind den Fischern seit Jahren ein Dorn im Auge, die Reiher waren es schon immer, und mit größter Skepsis wird derzeit die Ausbreitung der schönen, schneeweißen Silberreiher verfolgt. Schönheit nutzt eben wenig, wenn sie mit den Interessen anderer kollidiert. Beispiele ließen sich hier schier endlos aneinanderreihen. Sollen Füchse in der Stadt überhaupt leben dürfen, wenn man sie dort nicht bejagen kann und darf? Und die Marder, die immer wieder mal Autokabel anbeißen und Schäden verursachen? Oder gar die Wildschweine, die den Schutz der Großstadt zu schätzen gelernt haben und in Berlin bereits zu Tausenden leben? Wie verhält es sich mit dem »schönen Schmetterling«, wenn seine Raupen Schäden an nützlichen Pflanzen verursachen?

Wie plötzlich das Stimmungspendel umschlagen kann, zeigt sich am deutlichsten am Beispiel des Unkrauts. Jahrhundertelang auf den Feldern bekämpft, landeten viele Arten, die früher als Unkraut galten, im Lauf der Zeit auf Roten Listen gefährdeter Pflanzenarten. Man hat sie inzwischen in »Ackerwildkräuter« umbenannt, und die EU fördert mit Mitteln aus dem Agrarfonds seit Jahren ihre Erhaltung. Wenn ein Bauer auf Dünger und Spritzmittel verzichtet und so das Unkraut überleben läßt, bekommt er für diese Artenschutzleistung Geld. Ob der Nutzen für die Ackerwildkräuter in einem vernünftigen Verhältnis zu den eingesetzten Euromillionen steht oder ob diese nicht vielmehr eine weitere Subvention für die Landwirtschaft darstellen, läßt sich bislang nicht mit Sicherheit sagen. Fest steht hingegen, daß die allermeisten Arten der Ackerwildkräuter weit besser in den Städten und auf Industriegelände überleben als draußen auf der speziell für sie subventionierten Flur.

Fassen wir zusammen: Wir unterteilen die freilebenden Arten noch immer in nützliche und schädliche. Gute Arten sind selten und abnehmend, also gefährdet. Arten, die häufiger werden, und das aus eigener Kraft, sind jedoch verdächtig – auch dem Naturschutz!

Seltenheiten

Seltenheit ist ein wichtiges Kriterium für den Artenschutz. Seltenheit versteht sich von selbst. Was selten ist, das ist gefährdet oder könnte es zumindest sein. Häufige Arten kommen schließlich allein zurecht, sonst wären sie ja nicht häufig. Seltene brauchen jedoch unsere Hilfe. Damit ist ein klares Schema vorgegeben. Allerdings erneut nur in der Theorie. In der Praxis gestalten sich die Einstufung und der Umgang mit Seltenheiten alles andere als einfach. Das liegt zunächst daran, daß es von Natur aus sehr viel mehr seltene als häufige Arten gibt. Wohlgemerkt: von Natur aus. Das gilt insbesondere für naturnahe oder natürliche Lebensräume. Die meisten Arten, die dort leben, sind selten, und die meisten seltenen Arten finden sich in tropischen Regenwäldern. Auch hierzulande sind besondere, rare Lebensräume oftmals durch spezifische Seltenheiten gekennzeichnet. Das gilt für Mager- und Trockenrasen, aber auch für Hochmoore, Quellen oder Steinbrüche. Selten sind Arten, ich habe bereits darauf hingewiesen, zudem in der Regel an den Grenzen der Gebiete, in denen sie leben (»Areale« lautet hier der Fachausdruck). Wo Tier- und Pflanzenarten, deren Kerngebiet im Mittelmeerraum oder im klimatisch entsprechenden Schwarzmeerbereich liegt, nördlich der Alpen vorkommen, sind sie natürlich selten. Man findet sie nur lokal an für sie günstigen Stellen. Je nach Witterung können sie einige Jahre überdauern oder rasch wieder verschwinden. »Verschleißzonen« nennt man solche Grenzbereiche, in denen der Vermehrungserfolg oft nicht ausreicht, um die Ansiedlungen zu erhalten. Die Randvorkommen sind auf Nachschub aus den Kerngebieten angewiesen. So tauchten zum Beispiel die »tropisch-bunten« Bienenfresser seit Jahrhunderten immer wieder kurzfristig auch nördlich der Alpen auf, aber selbst im Verlauf mehrerer günstiger Sommer nacheinander schafften sie es nicht, wirklich dauerhafte Bestände zu entwickeln.

Selten sind auch hochgradige Spezialisten. Wenn eine Pflanzenart Gipsböden oder Stellen mit hohem Schwermetallgehalt bevorzugt, ist sie zwangsläufig selten, weil solche Böden nur ganz lokal, meist im Zusammenhang mit Abgrabungen, vorkommen. Tierarten, die besondere Ansprüche stellen, werden dieser Kennzeichnung gemäß nicht überall vorkommen. Und wenn gar Tierarten, Schmetterlinge etwa mit ihren Raupen, auf seltene Futterpflanzen spezialisiert sind, wird niemand erwarten, sie häufig anzutreffen. Somit sind die beiden Hauptkategorien der Seltenheit naturgegeben, nämlich Spezialisten für seltene Lebensbedingungen und Arten an Rändern ihrer Areale. Eine weitere Gruppe ist von Natur aus selten und wird dies bleiben müssen. Es sind dies die »Arten in Spitzenposition von Nahrungsketten«, so die ziemlich umständliche Charakterisierung im Fachjargon. Gemeint sind Tiere wie Adler, Luchs, Wolf, oder andere Raubtiere sowie große Raubfische. Die Verfügbarkeit ihrer Beute bestimmt ihre (geringe) Häufigkeit. Adler können auch durch intensivste Schutzbemühungen nicht so häufig wie Spatzen werden, und jeder Luchs braucht eine Lebensbasis von Tausenden von Rehen. Nur dann kann er im Jahreslauf und über die Jahre genügend Beute machen. Sperber werden als Vogeljäger niemals die kleinen Singvögel gefährden oder gar ausrotten. Lange vorher würden sie selbst aufgrund von Beutemangel aussterben.

Großtiere müssen von Natur aus ziemlich selten bleiben, und zwar um so seltener, je mehr Zwischenstufen der Nutzung zwischen ihnen und der Produktionsbasis, der Pflanzenwelt, liegen. Als Faustregel gilt ein Verhältnis von zehn zu eins. Jede Art braucht (mindestens) die zehnfache Masse an Lebewesen, als sie selbst Masse hat. Eine Feldmaus braucht viele Tausende von Pflanzenwurzeln und Samenkörnern, um zu überleben. Turmfalken oder Mäusebussarde sind auf produktive Bestände Hunderter von Mäusen angewiesen. Nahrungsketten mit drei Gliedern reichen so in das Tausend- bis Zehntausendfache hinein, mit vier ins Hunderttausendfache und so weiter. Je kürzer die Nahrungskette, desto häufiger kann der Nutzer werden. Wir Menschen sind diesem Prinzip gefolgt, als unsere Vorfahren dazu übergingen, vom Dasein als Jäger und Sammler zum Ackerbau zu wechseln. Erst in dieser Zeit vor rund 10 000 Jahren setzte die starke Vermehrung der Menschheit ein. Und je direkter wir uns von Pflanzenkost ernähren, desto mehr Menschen können überleben. All unseren Finessen zum Trotz bleibt diese Abhängigkeit bestehen. Sie gilt auch im Verhältnis der Tiere und Pflanzen untereinander. Häufiger kann eine Art werden, wenn ihre Existenzbasis vergrößert wird. Umgekehrt wird sie zwangsläufig seltener, wenn ihre Lebensmöglichkeiten schrumpfen.

Mit dieser Feststellung nähern wir uns dem eigentlichen Problembereich der Seltenheit von Arten. Der Schutz, den wir ihnen angedeihen lassen wollen, wird am ehesten wirksam werden können, wenn entweder ihre Verfolgung verringert bzw. eingestellt wird oder wenn wir aktiv ihre Existenzbasis vergrößern. Für die Praxis bedeutet das: Wir müssen die Jagd und die Anwendung von Gift oder anderen Vernichtungsmethoden einstellen und/oder »Biotope schaffen«. In diesem Teilbereich der Seltenheit kann der Artenschutz etwas bewirken, wenig oder nichts hingegen, wenn es sich um die natürliche Seltenheit von Spezialisten oder um Arten in Randlage ihrer Areale handelt. Eigentlich sollte dies in Naturschutzkreisen klar sein, eigentlich sollten Arten auf dieser Grundlage eingestuft, Schutzprogramme entwickelt werden. Das ist allerdings eher selten der Fall, wie die so umfangreichen Listen der geschützten Arten zeigen. Der weitaus größte Teil dieser Tausende von Arten fällt nicht unter diese letztgenannte Kategorie. Sie sind entweder gar nicht selten und schutzbedürftig oder von Natur aus selten und damit durch die Inschutznahme nicht begünstigt. Schlimmer noch:

Bei sehr vielen geschützten Arten aus der Gruppe der Insekten, bei Schmetterlingen zum Beispiel, schwanken die Bestände über die Jahre außerordentlich stark. Änderungen in der Häufigkeit um das 10- bis 20fache sind durchaus nicht unnormal, so daß sich die Wirksamkeit von Schutzmaßnahmen nicht bereits nach wenigen Jahren ermitteln läßt – wie umgekehrt eine momentane Seltenheit nicht viel bedeuten muß. Das kann in wenigen Jahren ganz anders sein, auch ohne »Maßnahmen«.

Viele Insektenarten schwanken nicht nur sehr stark in ihrer Häufigkeit von Jahr zu Jahr, sondern auch ihre örtlichen Vorkommen sind nicht stabil. Auf bestimmte Flächen bezogen, kommt ein so genannter Artenumsatz (»Turnover«) zustande, der zwischen einem Drittel und drei Viertel des Artenspektrums umfassen kann. Eine (geschützte) Art, die in diesem Jahr auf einer bestimmten Fläche angetroffen wird, muß im nächsten und übernächsten Jahr nicht zwangsläufig auch wieder dort sein. Umgekehrt können Arten, die eben noch nicht da waren, demnächst hier vorkommen. Dieser Artenumsatz fällt um so größer aus, je kleiner die Arten sind und je schneller sie sich vermehren. Am beständigsten sind die Bäume. Sie verschwinden nicht, wenn sie nicht gefällt werden. Schon weniger verläßlich, aber immer noch recht stabil, ist die Vogelwelt. Dank ihrer Flugfähigkeit können die Vögel ihnen zusagende Stellen vergleichsweise rasch finden und, so diese tatsächlich geeignet sind, auch dauerhaft besiedeln. Ihr Artenumsatz ist gering, aber bei den Seltenheiten immer noch hoch genug, um sie als »unzuverlässig« zu kennzeichnen. Die Seltenheiten der Vogelwelt gehören eben auch zur oben geschilderten Kategorie von Arten. Sie suchen lieber ihresgleichen, als allein irgendwo zu verbleiben, selbst wenn der Ort prinzipiell geeignet sein sollte.

Damit stellen die Vögel eine letzte Kategorie von Seltenheit dar, die ganz besonders schwierig zu beurteilen ist. Sie hat mit der Eignung der Biotope, ihrer Mindestgröße und ihrer Entfernung zu anderen gleichartigen Biotopen zu tun. Ein Gelände, das wie ein kleines Hochmoor beispielsweise für Birkhühner geeignet wäre, aber zu weit entfernt von einem anderen Vorkommen dieser Hühnervögel ist, wird birkhuhnleer bleiben. Daher hat das Lebensraumangebot insgesamt stets größer, meistens sogar viel größer zu sein als die Bestände der Arten, die dieses nutzen. Wir können das Verhältnis auch andersherum ausdrücken: Das bloße Vorhandensein von Nahrungspflanzen oder Lebensraum für eine bestimmte Art besagt noch längst nicht, daß diese auch vorkommen wird oder gar vorkommen muß. Somit ist auch das Artenschutzkriterium der Seltenheit eine höchst problematische Angelegenheit. Klare Verhältnisse herrschen nur dort, wo die direkte Verfolgung die Art(en) selten gemacht hat. Wird sie eingestellt, ist fast immer eine rasche Zunahme und Wiedererholung festzustellen. Da lohnt sich der Artenschutz ganz offensichtlich.

2 Biotop- und Landschaftsschutz

Natürlich vs. unnatürlich

Einem Schmetterling, der draußen vorüberfliegt, sieht man nicht an, ob er zu den geschützten Arten gehört oder nicht. Und da bekanntlich Unkenntnis nicht zwangsläufig vor Strafe schützt, ist es besser, ihn fliegen zu lassen, als ihn zu fangen. Er könnte ja schließlich geschützt sein. Ob er das tatsächlich ist, das wissen oft nur die Kenner, und davon gibt es (zu) wenige. Die Hüter der Roten Listen und der Verordnungen zum Artenschutz haben die Namen zwar schwarz auf weiß auf dem Papier, erkennen die geschützten Arten jedoch nicht unbedingt in der Natur (von den »plakativen« Arten einmal abgesehen). Damit fällt der bei weitem größte Teil des Artenschutzes in eine Grauzone diffuser oder unzureichender Kenntnisse. Zudem gibt es viele Todes- und Verlustursachen, die sich nicht vermeiden lassen. In der Landwirtschaft zum Beispiel, wenn den Mähmaschinen nicht nur zahllose Pflanzen und Insekten zum Opfer fallen, sondern auch solch leidensfähige Säugetiere wie Rehkitze und Häschen. Oder im Straßenverkehr, wo der Aufkleber »Ich bremse auch für Tiere« im Falle eines Unfalls höchst unangenehme Folgen haben kann. Der Millionen (oft geschützter) Insekten, die Jahr für Jahr an Kühlergrillen und Windschutzscheiben zerschmettert werden, gedenkt man nicht, und es macht sich auch niemand die Mühe, sie nach geschützt oder nicht geschützt zu sortieren. Doch wo entfaltet er dann überhaupt eine Wirkung, der Artenschutz? Nun, am ehesten, ich habe bereits darauf hingewiesen, bei Säugetieren und Vögeln, die früher bejagt wurden. Und außerdem da, wo in den Gärten die Giftspritzerei eingeschränkt oder ganz eingestellt wird. Für die große Masse der geschützten Arten ist das offenkundig zuwenig, viel zuwenig, sonst wären die Roten Listen nach gut drei Jahrzehnten des modernen Artenschutzes ja nicht länger, sondern kürzer.

Deshalb, so ein zentrales Argument, reicht es nicht, allein bestimmte Arten unter Schutz zu stellen, wenn man die Natur effektiv schützen will. Der Schutz von Flächen ist ebenso wichtig, ja noch wichtiger als der der gefährdeten Arten. Tatsächlich ist dies die Position, die viele Naturschützer vertreten. Allerdings stellten sich hier von Anfang an noch größere Hindernisse als beim Artenschutz. Arten sind von Natur aus vorhanden, man kann Frösche, Kröten, Singvögel, Adler und andere Tiere identifizieren und unter Schutz stellen. Beim Flächenschutz verhält es sich nicht so eindeutig, schließlich war unser Land nicht von Natur aus so, wie es heute aussieht. Bei den meisten als naturschutzwürdig eingestuften oder tatsächlich unter Schutz gestellten Flächen handelt es sich um Kulturlandschaften, nicht um Reste wilder, unbeeinflußter Natur. Das betrifft auch die jüngste Form des kombinierten Arten- und Flächenschutzes im Rahmen der »Fauna-Flora-Habitat«-Richtlinie (kurz FFH-Richtlinie genannt). Ziel dieser Richtlinie ist es, Tier- und Pflanzenarten sowie ihre Lebensräume (Habitate) aufzulisten und die für ihre Erhaltung nötigen Mindestflächen festzulegen. Die EU-Länder haben die Flächen zu benennen, die als FFH-Gebiete qualifiziert sind, und ihre Inschutznahme zu veranlassen. Mit dieser EU-Richtlinie sollen die übergeordneten Ziele des Naturschutzes verwirklicht werden. Daß sie vielfach recht schleppend umgesetzt wird, zeigt jedoch, wie wenig beliebt diese Maßnahme in den meisten EU-Ländern ist. Wie nicht anders zu erwarten, stellen in der Gruppe der Gegner gerade die von der EU so hoch subventionierten Landwirte die größte Fraktion dar. Denn die besonders zu schützenden Habitate und hervorgehobenen Arten befinden sich vornehmlich auf landwirtschaftlich genutzten Flächen.

Würde es sich um Bewohner nicht genutzter Landschaften handeln, wäre die Problematik halb so groß. Doch solche Landschaften findet man in Mitteleuropa nicht einmal mehr auf den Gipfeln der Berge, denn selbst diese werden längst von ungleich mehr Menschen bestiegen als von Gemsen. Menschliche »Fußabdrücke« finden sich heute überall.

Damit gerät die Bezeichnung »Naturschutz« beim Flächenschutz in begriffliche Schwierigkeiten. Denn während der Artenschutz tatsächlich den natürlichen Arten gewidmet ist, geht es beim Flächenschutz (von fernen Wildnissen auf anderen Kontinenten abgesehen) so gut wie ausnahmslos um Kulturlandschaften. Werden diese unter Schutz gestellt, bedeutet das, daß die bisherige Bewirtschaftung entweder beendet oder ein Verbot erlassen wird, diese zu intensivieren oder anderweitig zu versuchen, aus den Flächen mehr Ertrag herauszuholen. An den eher kleinteiligen Flächenschutz der Naturschutzgebiete schließt der umfassendere Landschaftsschutz an. Im dichtbesiedelten, seit Jahrhunderten kultivierten Mitteleuropa handelt es sich dabei natürlich ebenfalls um Kulturlandschaften. Mit ihrer »Natürlichkeit« kann man ihren Schutz demnach nicht begründen, weshalb häufig auf andere Qualifizierungen zurückgegriffen wird, die mit Natur nichts zu tun haben, sondern Vorlieben der Menschen zum Ausdruck bringen, nämlich die »Eigenart und Schönheit« eines Gebiets. An dieser Stelle tritt eine aufschlußreiche Differenzierung zutage: Geschützt werden sollen nur schöne, von Menschenhand geschaffene Landschaften, Industriebrachen mit verfallenden Bauwerken haben so gut wie keine Chance, sich diesbezüglich zu qualifizieren, mögen sie auch noch so »eigen-artig« sein und ein reichhaltigeres Tier- und Pflanzenleben aufweisen als so manches hochgeschätzte Naturschutzgebiet. (An dieser Stelle zeichnet sich bereits ein Phänomen ab, das ich später ausführlicher behandeln werde: Naturschützer tun sich offensichtlich schwer mit der Vielfalt der Tier- und Pflanzenarten in den Städten.) Das Ästhetische wirkt fast immer im Hintergrund mit: Landschaften, die schön aussehen (»Erholungslandschaften«), sind aber meistens nicht weniger künstlich als solche, die der gegenwärtig üblichen (Natur-)Ästhetik nicht so zusagen. Land- und Wasserwirtschaft sehen manches anders als Naturfreunde: Wucherndes Buschwerk an einem künstlich gegrabenen Teich mit versumpfenden Ufern, weil der frühere Abfluß nicht mehr so richtig funktioniert, möchten sie am liebsten entfernen und in Ordnung bringen, während Naturschützer darin einen »schützenswerten Landschaftsbestandteil« sehen und das Gebiet schützen möchten.

»Einspruch: Ganz so beliebig ist dieses Vorgehen nicht«, werden Naturschützer, vor allem Vertreter von Naturschutzbehörden an diese Stelle entgegnen, »wir haben das anerkannte Instrument der ›potentiell natürlichen Vegetation‹. Wir können die Naturnähe oder -ferne anhand der Pflanzen erheben, die auf der zu beurteilenden Fläche oder im ganzen Gebiet wildwachsend vorkommen (sollten).« Gemeint ist damit, daß es bestimmte Pflanzen geben würde, wenn der Mensch das Gelände nicht verändert hätte. Und wo sie in entsprechender Vollständigkeit vorkommen, handelt es sich dann doch um eine (weitgehend) natürliche Vegetation und somit um ein (natur)schutzwürdiges Gebiet.

Der Einwand ist berechtigt, er löst allerdings nicht die mit dem Flächenschutz verbundenen Probleme. Denn als Schutzgebiete sind ausgerechnet jene Flächen am besten geeignet, die durch früher besonders intensive, ja übermäßige Nutzung derart ausgelaugt wurden, daß ihre Böden nur noch dürftige Vegetation tragen. Gerade solche Landschaften zeichnen sich oftmals durch eine besonders artenreiche Pflanzen- und Tierwelt aus. Das gilt zum Beispiel für die Lüneburger sowie all die anderen »Heiden«. Sie entstanden durch intensive Schafbeweidung, büßten an Bodenfruchtbarkeit ein und waren schließlich so ertragsschwach, daß es sich nicht länger lohnte, sie zu bewirtschaften. Werden solche Flächen aufgegeben, breitet sich die »potentiell natürliche Vegetation« im Lauf der Jahrzehnte aus. Sie überzieht die vordem offenen, mageren Flächen und verwandelt den hohen Artenreichtum in den mäßigen und schließlich dürftigen der »natürlichen mitteleuropäischen Waldlandschaft«. Ähnlich verhält es sich mit Streuobstwiesen und insbesondere mit den Mooren, die ihren »schutzwürdigen Zustand« zumeist umfangreichen Abtorfungen in früheren Jahrhunderten verdanken. Im Spätmittelalter wurden die meisten der großen Teiche gebaut, in denen zur Verbesserung der Proteinversorgung Fischwirtschaft, vor allem Karpfenzucht, betrieben wurde. Die Teichanlagen bestehen vielfach auch heute noch. Manche wurden aufgegeben und haben sich zu recht natürlich wirkenden, verlandenden Seen entwickelt. Die heutigen Auwälder stammen aus der Zeit nach den großen Flußregulierungen im 19. und frühen 20. Jahrhundert; Stauseen, erbaut im 20. Jahrhundert, haben sich zu »Feuchtgebieten von internationaler Bedeutung« für den Vogelschutz entwickelt. Das Wattenmeer an der niederländisch-deutsch-dänischen Küste verdankt einen wesentlichen Teil seines Vogelreichtums dem Eintrag ungeheurer Massen von Nährstoffen, welche Elbe, Weser und die übrigen kleineren Flüsse der Nordsee zuführen. Der frühere Fischreichtum der unregulierten, aber mit den ungeklärten Haushaltsabwässern der anliegenden Städte beschickten Flüsse schwand dahin, als man begann, dem Abwasser in modernen Klärwerken die organischen Nährstoffe wirkungsvoll zu entziehen. Die Ausbau-, Umbau- und Rückbaumaßnahmen gaben dafür nur die Rahmenbedingungen ab. Von sauberem Wasser allein können die Fische und die anderen Wassertiere wie Muscheln und Krebse nicht leben, auch wenn ihnen durch den Rückbau eine wunderschöne Naturkulisse geboten wird.

Natürlich nehmen, darauf habe ich im dritten Abschnitt des ersten Kapitels hingewiesen, bei Nährstoffmangel die Seltenheiten zu. Allerdings nicht in dem Sinn, daß nun plötzlich mehr Exemplare einer seltenen Art anzutreffen wären, sondern es gibt dann mehr seltene Arten. Damit verschärft sich aber auch die Problematik ihrer Erhaltung. Um die Situation einfach und plakativ auszudrücken: Für die Erhaltung und Förderung der Seltenheiten wären hochproduktive Speziallebensräume für diese Arten vonnöten, wie sie der Mensch in zoologischen Gärten geschaffen hat. In der normalen Landschaft geht es aber nicht zu wie im Zoo, hier vermehren sich vielmehr die ohnehin schon häufiger vertretenen Arten, wenn diese Gebiete, wie in unserer Zeit geschehen, landauf landab vereinheitlicht und für die landwirtschaftliche oder touristische Nutzung optimiert werden. Die seltenen Arten werden im Gegenzug noch seltener und verschwinden. Was sie brauchen, sind Lebensräume, die ihren Bedürfnissen entsprechen, und nicht solche, wie wir sie haben wollen, weil sie »schön« sind. Zwei Beispiele mögen stellvertretend verdeutlichen, worum es geht. In der Anfangsphase des modernen Naturschutzes bekämpfte man Abgrabungen aller Art als »Wunden in der Landschaft«, sie wurden schließlich verboten, und damit verschwanden nach und nach die vielen kleinen und kleinsten Sand- sowie Kiesgruben oder Hanganschnitte, aus denen Lehm entnommen wurde. Die »Wunden« heilten, in der Landschaft blieben keine häßlichen Narben zurück. In der Folge landeten jedoch viele Tier- und Pflanzenarten auf den Roten Listen, da ihnen mit den kleinen Abgrabungen die besonderen, stets nur kleinteilig vorhandenen Lebensräume entzogen worden waren. Als sich die Konsequenzen dieser Naturschutzmaßnahmen nicht länger verbergen ließen, mußte man »künstliche Nistwände« für Eisvogel, Uferschwalben, Wildbienen und Grabwespen anlegen. Bereits als Gartenteiche in den achtziger Jahren des letzten Jahrhunderts modern wurden, war klar, daß sie nie die frühere, durch hinreichend geringe Abstände zueinander »vernetzt« wirkende Verteilung der Kleingewässer draußen in der Landschaft würden ersetzen können, die man inzwischen zu Großabbaustellen von Kies, also zu Baggerseen, zusammengezogen hatte. Parallel wurden aus ehemaligen Kiesgruben Badeseen und Surfgewässer, die als Lebensräume für Frösche, Kröten und Molche jedoch untauglich sind. Im Gegenzug müssen Kies und Sand seither über wesentlich größere Strecken mit Lastwagen transportiert werden. Solche Formen der »Landschaftskosmetik« und das Schließen der »Wunden in der Landschaft« zogen also Folgekosten im Bereich der Luftverschmutzung, Lärmbelästigung und Verkehrsbeeinträchtigungen nach sich, die bis heute nicht bilanziert wurden. Eine gutgemeinte Naturschutzmaßnahme hat sich binnen kurzem in eine Katastrophe für die heimischen Amphibien und für viele andere Kleintiere entwickelt. Doch da inzwischen die zentralen Abbaupläne von Kies und Sand längst festgeschrieben und im Griff dafür zuständiger Verwaltungen sind, wird sich daran in absehbarer Zeit nichts ändern.

Das zweite, allgemein verbreitete Beispiel betrifft die Zwangsbegrünung von Straßenböschungen, Dämmen und von Abbauflächen aller Art. Gleich nach Beendigung der Baumaßnahmen muß als landschaftspflegerische Maßnahme »begrünt« werden, damit die Eingriffe möglichst rasch optisch verschwinden. Besonders der Straßenbau wird mittlerweile als so extremer »Eingriff in den Naturhaushalt« (mehr zu diesem »Haushalt« im vierten Kapitel) angesehen, daß man die Straßen, nicht nur die Autobahnen, regelrecht zu tarnen versucht. Im Abschnitt »Heimisch und fremd« wird das Beispiel des Riesenbärenklaus zeigen, welche Folgen diese Mentalität haben kann. An dieser Stelle möchte ich jedoch mit Nachdruck darauf hinweisen, daß die rasche Wiederbegrünung von Böschungen, Dämmen und Straßenrändern die Entstehung magerer Biotope schon im Ansatz durchkreuzt. Dadurch wird verhindert, daß sich, wie unten näher ausgeführt wird, die sehr artenreichen Anfangsstadien einer natürlichen Besiedelung der offenen Flächen einstellen. In unserer Kulturlandschaft wären solche Biotope allerdings die wichtigste Ausweichmöglichkeit zur landwirtschaftlich intensiv genutzten Flur. Außerdem könnten magere Streifen am Straßenrand die Vernetzung spezieller Biotope fördern. Man gibt also Millionen und Abermillionen von Euro für die Begrünung und die vorgeschriebenen Pflegemaßnahmen aus, während gleichzeitig der Schwund oder gar das Aussterben genau jener Pflanzen und Tiere beklagt wird, die dort Ersatzlebensräume hätten bekommen können. Als Produkte unserer Zeit sind auch solche Biotope nicht weniger naturfern als die überweideten Hänge und Triften der Mittelgebirge oder die Heiden. Für die vielen auf magere, sonnig-trockene Lebensbedingungen angewiesenen Arten wäre es reichlich gleichgültig, welchem Ursprung sie ihre Lebensräume verdanken, ob den Schafen oder den Autos, dem Hochwasserschutz oder dem Abbau von Bodenschätzen.

Sowohl der Umgang mit den Abgrabungen als auch die Wiederbegrünung von Böschungen etc. haben somit in vielen Fällen wenig mit Naturschutz zu tun. Es handelt sich vielmehr um eine Art Blendwerk, womit einmal mehr eine Mentalität zutage tritt, die von vornherein jede Veränderung an der (von Menschen) geschaffenen Landschaft als »Eingriff« ansieht, den es wiedergutzumachen gilt. Die entsprechenden Ausgleichsleistungen hätte man in früheren Jahrhunderten als Ablaßzahlungen bezeichnet.

Die Unterscheidung »naturnah vs. naturfern« ist daher an einem von der Natur selbst entfernten Leitbild orientiert, das der tatsächlichen Lebensweise vieler Tiere und Pflanzen nicht entspricht. Die lebendige Ausstattung der »natürlichen« oder der geschützten Flächen entspricht diesem Leitbild nicht. »Die Natur«, von der so häufig personifizierend gesprochen wird, gibt es nicht. Zugleich verharrt auch »die Natur« nicht in dem Zustand, den die Menschen einmal als ihren vermeintlich »natürlichen« oder »schützenswerten« identifiziert haben. Ohne steuernde, »pflegende« oder »erhaltende« Eingriffe entfernt sie sich sogar in Naturschutzgebieten von diesem Zustand. Sie widersetzt sich also der statischen Denkweise, nach der etwas so sein und bleiben soll, wie es manchen Menschen gerade gefällt. Doch warum hängen so viele Menschen dieser Sichtweise an? Aus ökologischen Erkenntnissen und Notwendigkeiten heraus? Die Antwort ist: nur in den seltensten Fällen. Hinter der statischen Sichtweise auf die Natur, wie sie in den Zielsetzungen der meisten Naturschutzgebiete zum Ausdruck kommt, steht eine ganz andere Motivation. Diese läßt sich auf höchst unterschiedliche Weise charakterisieren und erklären: mit der Abneigung gegen Veränderungen etwa, mit dem Festhalten-Wollen am Bekannten und Althergebrachten oder eben mit vorgefaßten, geprägten Leitbildern. Manchmal kann man diese Haltung auch schlicht und einfach Nostalgie nennen.

Nostalgie

Naturschützer richten ihre Blicke zumeist nach hinten auf ein verklärtes »Früher«. Früher war dies und das oder gar alles besser. Wir Menschen seien schuld daran, daß es um die Natur immer schlechter steht. Wir hinterlassen einen »Fußabdruck«, den die Welt bald nicht mehr wird tragen können. Der »Index der Natur« sinkt, während (wie es oft heißt) unser Wohlstand (vermeintlich) steigt, weil die Natur ausgebeutet wird. »Bio« boomt, und das etwas abgegriffene Motto »Zurück zur Natur« ist durch neue Phrasen ersetzt worden: den »Frieden mit der Natur«, die »Nachhaltigkeit« und vor allem die Rede von den »Ökosystemen«, die angeblich bedroht sind, ihre »Dienste« nicht mehr leisten können, »zusammenbrechen«, sich selbst nicht mehr »regulieren« können und so fort. Bevor ich diese Themen (in Kapitel 4) näher behandle, möchte ich klarstellen, worauf sich die Grundhaltung des Naturschutzes überhaupt bezieht.

Seine Wurzeln hat der Naturschutz im Heimatschutz. Damit ist selbstverständlich nicht der »Heimatschutz« gemeint, mit dem sich die Vereinigten Staaten in der Gegenwart gegen Angriffe von Terroristen verteidigen wollen, sondern eine europäische Bewegung des 19. Jahrhunderts, die sich der Erhaltung der Eigenarten und Schönheiten der Heimat verschrieben hatte. Ausgelöst wurde diese Bewegung einst durch die sich überstürzende Industrialisierung, den Ruß und das Elend der Arbeitersiedlungen sowie der ausufernden Städte. Das »gute Land« sollte einen Ausgleich bieten zur »schlechten Stadt«. Bis in die siebziger Jahre des 20. Jahrhunderts hat sich diese Vorstellung gehalten und zum Klischee verfestigt; Alexander Mitscherlich faßte sie in die Phrase von der »Unwirtlichkeit der Städte«. Konrad Lorenz, der große, mit dem Nobelpreis ausgezeichnete

Verhaltensforscher, brachte diese Haltung in seinem Programm der »acht Todsünden der zivilisierten Menschheit« in aller Deutlichkeit zum Ausdruck: Die Stadt frißt das Land, sie breitet sich aus wie ein Krebsgeschwür.

Diese Mentalität wurde zum Kernstück des modernen Naturschutzes; sie wird kaum einmal mit Blick auf ihren historischen Ursprung hinterfragt. Es gilt als ausgemacht, daß früher (fast) alles besser war. »Früher« bezieht sich dabei meist auf das 19. und das frühe 20. Jahrhundert. Die Natur jener Zeit wurde zum Leitbild für die Zukunft und zur Bewertungsgrundlage für Veränderungen in der Gegenwart. Das alles hat in der Tat ungleich mehr mit Nostalgie als mit Wissenschaft zu tun, auch wenn sich gerade der moderne Naturschutz besonders wissenschaftlich gibt. Warum er das nicht nötig hat, ja warum er das besser lassen sollte, erläutere ich im abschließenden fünften Kapitel.

Doch worauf bezieht sich der Naturschutz nun eigentlich? Tatsächlich handelt es sich hier nicht, wie man aus dem Vorausgehenden vordergründig schließen könnte, um ein »rein romantisches Naturbild der guten alten Zeit«, das überhöht und idealisiert wurde, sondern um einen ökologischen Gegenentwurf zu unserer Zeit. Das 19. Jahrhundert war eine Zeit des Mangels, und daran änderte sich auch in der ersten Hälfte des 20. Jahrhunderts wenig. Erst seit den siebziger Jahren herrscht Überfluß. Der Mangel betraf die Nährstoffversorgung der Böden. Jahrhundertelang waren sie durch Übernutzung ausgelaugt worden und an Pflanzennährstoffen verarmt. Die Ernteerträge fielen insbesondere in wettermäßig ungünstigen Jahren, von denen es gerade im »vorbildlichen« 19. Jahrhundert sehr viele gab, so schlecht aus, daß die Bevölkerung weithin hungerte und Millionen Menschen sich in West- und Mitteleuropa veranlaßt sahen, in die »Neuen Welten« in Amerika, (Süd-)Afrika und Australien auszuwandern. Hungersnöte gingen auch den großen Revolutionen voraus, nicht nur der großen europäischen von 1848, sondern auch der Oktoberrevolution von 1917. So gut wie jeder Quadratmeter Land mußte für die Versorgung von Mensch und Vieh genutzt werden. Dennoch reichte es für viele Menschen nicht zu einem einigermaßen erträglichen Leben. Die miserablen Arbeitsbedingungen in den Fabriken und das elende Leben in den Städten bildeten nur einen scheinbaren Kontrast zum »guten Landleben«. Denn trotz härtester Arbeit kamen die Menschen dort aus ihrer bitteren Armut nicht heraus. Es würde viel zu weit führen, an dieser Stelle näher auf die politischen Ursachen für soziale Unruhen und folgenreiche Entwicklungen einzugehen. Im Hinblick auf den Naturschutz ist es wichtiger, den Zustand der Natur zu charakterisieren, der ein Jahrhundert nach jener Zeit zum Vor- und Leitbild unserer Vorstellungen geworden ist.

Die übernutzten, nährstoffarmen Böden warfen zwar nur mäßige oder gar schlechte Ernten ab, ließen aber aus genau diesem Grund jene bunte Vielfalt an Blumen erblühen und die zugehörigen Schmetterlinge sowie all die anderen Insekten gedeihen, denen heute das Augenmerk des Naturschutzes in der Kulturlandschaft gilt. Eine der ökologischen Grundregeln besagt, daß nährstoffreiche Regionen eine geringe biologische Vielfalt (Biodiversität) entwickeln, nährstoffarme aber eine große. Oder kürzer gefaßt: Mangel ist die Mutter der Vielfalt, Fülle vereinheitlicht. Der große Artenreichtum des 19. und zum Teil auch noch der ersten Hälfte des 20. Jahrhunderts beruhte somit auf der Übernutzung der Landschaften und nicht auf objektiv besseren ökologischen Verhältnissen. Bewertungen wie »besser« oder »schlechter« ergeben schließlich nur im Hinblick auf menschliche Zielsetzungen bzw. Leitbilder einen Sinn, nicht aber für die Natur selbst.

Ein »Zurück zur Natur«, nämlich zu jener des 19. Jahrhunderts, würde somit zwangsläufig die Wiedereinführung des allgemeinen Mangels und der damit verbundenen Hungersnöte bedeuten. Unter welchen Bedingungen jene Menschen lebten, die die Natur damals in einen aus unserer Sicht so schönen und vielfältigen Zustand gebracht haben, wird in der Regel ausgeblendet: Es war eine elende Plackerei, fast immer ein Leben von der Hand in den Mund. Alles andere also als bewußte Landschaftspflege. Wer heute diese Zeit nostalgisch verklärt, soll einmal versuchen, mit den finanziellen Mitteln und den technischen Geräten jener Zeit (über die die Kleinbauern meist noch nicht einmal verfügten) auf zersplitterten Fluren mit »handtuchgroßen« Feldern mit den eigenen Händen sein Überleben zu sichern. Das würde den Romantikern schnell bewußtmachen, wie blind diese einäugige Sicht auf die »gute alte Zeit« für die tatsächlichen Lebensbedingungen der Menschen macht. Es war der Kunstdünger, der die Versorgung der Menschen mit Nahrung nachhaltig verbesserte und die Grundlage schuf für die Überproduktion in der deutschen Landwirtschaft seit Mitte des 20. Jahrhunderts. Wie so oft wurde allerdings auch hier des Guten bald allzuviel eingesetzt.

Damit stellt sich zwangsläufig auch die Frage, ob wir heute auf ein Leitbild zurückgreifen dürfen, das sich am Mangel in der Natur und am Elend der Menschen ausrichtet. Insofern gibt es also einen großen Unterschied zwischen Natur- und Denkmalschutz, obgleich beide sich aus einer ähnlichen Motivation speisen. Der Schutz von Bauwerken als Denkmäler strebt in der Regel nicht die Erhaltung von Elendsquartieren an, sondern zielt auf die für die Epoche bezeichnenden Bauwerke, wie die Häuser begüterter Bürger oder reicher Fabrikanten des 19. Jahrhunderts. Kohlenschächte oder Salzbergwerke noch früherer

Zeiten verdienen es, als Zeugnisse der Industriegeschichte erhalten zu werden. Der Erhaltung eindrucksvoller alter Bauwerke entspricht die Bewahrung besonderer Naturbildungen wie spektakulärer Felsen, Durchbruchstäler von Flüssen, Wasserfälle oder großer Dünen. Für den »Naturhaushalt« sind sie, genaugenommen, bedeutungslos. Ihre Erhaltung muß folglich nicht zusätzlich mit ihrer Unentbehrlichkeit für die Natur begründet werden. Es reicht, daß sie »schön« und irgendwie »besonders« sind. Daß alte Bewirtschaftungsformen, wie Streuwiesen, Hutweiden und Heiden, spezielle Landschaftstypen hervorgebracht haben, wird analog als Rechtfertigung für den Landschaftsschutz vorgebracht. Probleme ergeben sich allerdings spätestens in dem Moment, in dem die früheren Formen der Bewirtschaftung aufgegeben werden, denn dann ändert sich zwangsläufig auch die Landschaft. Soll sie mit Mitteln, die man Pflegemaßnahmen nennt, im früheren Zustand erhalten werden, wird es (sehr) kostspielig.

Wenn sie das Buch nicht ohnehin bereits weggelegt haben, werden Naturschützer und Naturfreunde spätestens an dieser Stelle ziemlich ratlos sein. Die inneren Widerstände sind verständlich. Sie sind gerade dann auch berechtigt, wenn die persönliche Motivation, sich für den Naturschutz einzusetzen, von ebendiesen historischen und ästhetischen Einstellungen getragen wurde, die ich hier in der gebotenen Kürze behandelt habe. Denn Naturschutz hat weit weniger mit Ökologie und Naturhaushalt zu tun, als den allermeisten Naturschützern bewußt ist. Er entspricht viel eher dem Denkmalschutz und sollte befreit werden von jener Überfrachtung mit »Öko«, die keine »Öko-logie« mehr ist, sondern eine »Öko-sophie«. »Öko« ist heute eine Lebenshaltung, und wie jede andere Lebenseinstellung hat auch »Öko« aus sich heraus, wenn diese Haltung von einer inneren

Überzeugung getragen wird, ihre Berechtigung. Man sollte diese Haltung aber nicht als wissenschaftlich oder gar naturnotwendig ausgeben. Das gute und nachvollziehbare Ziel, »im Einklang mit der Natur« zu leben, bedarf keiner wissenschaftlichen Rechtfertigung. Was aber braucht eigentlich »die Natur«?

Vielfalt vs. Vereinheitlichung

Die Natur Mitteleuropas war im 19. Jahrhundert zweifellos vielfältiger als in unserer Zeit. Die große Artenvielfalt, das habe ich im vorangehenden Abschnitt dargelegt, war ein Ergebnis des Mangels, zu dem die notwendige Übernutzung des Landes geführt hatte. Wir wissen über die damalige Vielfalt recht gut Bescheid, weil das 19. Jahrhundert auch die große Zeit der Naturerfassung war. Viel ausführlicher und viel gründlicher als heute erforschten Zoologen und Botaniker Vorkommen und Lebensweise von Tieren und Pflanzen. Die Mitte des 18. Jahrhunderts von Carl von Linné eingeführte wissenschaftlich eindeutige Benennung der Lebewesen hatte sich durchgesetzt und damit die Erarbeitung von allgemein verwertbaren Angaben zu »Faunen« und »Floren« ermöglicht. Eine beträchtliche Anzahl von Tier- und Pflanzenarten, die von Linné und seine unmittelbaren Nachfolger als häufig (wissenschaftlich mit *communis* oder *vulgaris* bezeichnet) ansahen, sind inzwischen selten und kaum noch bekannt. Zahlreiche Arten, die im 19., zum Teil auch noch Anfang des 20. Jahrhunderts in Mitteleuropa weit verbreitet waren, fehlen heute. Sie haben sich in ihre Kerngebiete zurückgezogen. Das bedeutet allerdings nicht, daß sie ausgestorben sind. Es gibt sie nur »bei uns« nicht mehr.

Die größten Veränderungen vollzogen sich im Artenspektrum

der Felder und Fluren. Die Bilanz fällt für diesen in Mitteleuropa mit Abstand flächengrößten Lebensraum am ungünstigsten aus. Nur wenige Pflanzen- und Tierarten sind (noch) häufig; die meisten wurden selten bis sehr selten oder sie verschwanden. Nicht ganz so schlecht, aber immer noch bedenklich ist die Bilanz der Wälder, bei denen es sich hierzulande im wesentlichen um gepflanzte Forste handelt. Vor allem Tierarten des sogenannten »Totholzes« und solche, die großflächige Lichtungen (Kahlschläge) bewohnen, sind rar geworden oder fehlen seit Jahrzehnten. Der dritte große »Landlebensraum«, die Städte und Siedlungen, weist hingegen eine gänzlich andere Bilanz auf. Die Artenfülle blieb, wo immer sie genauer untersucht wurde, unerwartet hoch. Sie hat sogar im letzten halben Jahrhundert zumeist nicht ab-, sondern deutlich zugenommen. Sehr zum Mißvergnügen vieler Naturschützer, die der Phrase von der »Unwirtlichkeit der Städte« weiterhin anhängen (wollen), ließ sich ein Großteil des heimischen Artenspektrums vom menschlichen Siedlungsraum nicht abschrecken. Sie wanderten in diese neuen Großbiotope ein.

Städte weisen, auf ihre jeweiligen Flächengrößen bezogen, im Durchschnitt eine um zwanzig Prozent höhere Artenvielfalt auf als ihr Umland. Der Artenreichtum steigt dabei mit der Größe der Städte an. Millionenstädte sind Inseln der Artenvielfalt geworden, gleichzeitig aber auch, ein scheinbarer Widerspruch zu den ökologischen Grundregeln, sehr individuenreich an Wildtieren und -pflanzen. Millionenstädte beherbergen auch Millionen von Vögeln; Berlin und Hamburg übertreffen die meisten Naturschutzgebiete an Artenreichtum in der Vogelwelt. Selbst richtige Großtiere, Elche in Skandinavien etwa, Bären in Nordamerika oder Wildschweine und Wölfe in Europa, machen an den Stadtgrenzen nicht halt, sondern lernen, mit der städtischen

Menschenwelt zurechtzukommen. Für nicht wenige der draußen bejagten Arten stellen die Städte Fluchtburgen dar, in denen sie ein weit sichereres Leben führen können. Es sind keineswegs nur die besonders anpassungsfähigen größeren (»klugen«) Säugetiere und die Vögel, die sich diesen Lebensraum erschließen, sondern durchaus auch empfindliche Arten wie Schmetterlinge und Fledermäuse, Eidechsen und Frösche.

Die »Stadtnatur« offenbart bei genauerer Betrachtung, was draußen in der »freien Natur« seit dem 19. Jahrhunderts geschah. Fluren und Wälder wurden strukturell stark vereinheitlicht; die Vielfalt mußte der Monotonie großflächiger und effizienter Produktionseinheiten weichen. Die künstliche Düngung beendete den allgemeinen Mangel an Nährstoffen. Sie glich jedoch nicht allein die Verluste aus, die mit den Ernten zwangsläufig einhergingen, sondern es kam in den gut zehn Jahren zwischen dem Ende der sechziger und dem Anfang der achtziger Jahre zu einer massiven Überdüngung, die seither das Wachstum einiger weniger Pflanzenarten begünstigt. Die Fülle der schwachen und empfindlichen Pflanzen, von denen viele durch schöne Blüten auffallen, schwand dahin. Mit ihr ging auch die Vielfalt der Insekten und der Vögel des Landes verloren. In den Städten fand ein derartiger Umschwung von Strukturreichtum zu vereinheitlichten Großflächen und von Nährstoffmangel zu Überdüngung nicht statt. Im Gegenteil: Die (zu) dicht bebaute Enge wurde beim Wiederaufbau nach dem Zweiten Weltkrieg durch Siedlungen mit höherer Lebensqualität für die Menschen aufgelockert. Die »Unwirtlichkeit« mutierte zu einladender »Wirtlichkeit«. Die Qualität der Luft verbesserte sich so sehr, daß selbst über dem einst von Rußwolken überzogenen Ruhrgebiet der Himmel wieder blau wurde. Das Benzin war nun bleifrei, die Dieselmotoren (in der Stadt) bekamen Filter. Sogar städtische

Verkehrsbetriebe geben inzwischen damit an, daß ihre Busse (endlich auch) mit Rußfiltern fahren. Das Land hingegen wird seit der großen Umstellung in der Landwirtschaft zunehmend mit Gülle überflutet. Die Stadtluft ist der ehedem so bezeichneten »guten Landluft« längst vorzuziehen

Vielfalt, das lehrt das Beispiel der Stadt, entsteht durch das Zusammenwirken von drei Faktoren. Der erste und wichtigste ist die strukturelle Vielfalt: Wo das Land zu einheitlich (gemacht worden) ist, kann sich keine größere Vielfalt einstellen. Wird die strukturelle Vielfalt erhöht, wie in modernen Städten mit hoher Lebensqualität für die Menschen, nimmt auch die Vielfalt der Tiere und Pflanzen zu. Der zweite, in unserer Zeit ausschlaggebende Faktor betrifft die Verfügbarkeit von (Pflanzen-)Nährstoffen. Wo diese rar sind oder nur in mäßigem Umfang verfügbar, entwickelt sich Vielfalt aus Mangel. Die Städte sind nicht überdüngt und daher auch für die schwachen und empfindlichen Arten als Lebensstätte geeignet. Schließlich spielen, drittens, Maßnahmen der aktiven Verfolgung bzw. Vernichtung von Vielfalt eine Rolle. Wo, wie auf dem Land und mitunter auch über den Wäldern, mit Gift gespritzt wird, schadet dies der Vielfalt. Arten, die durch starke Bejagung scheu gehalten werden, bleiben, von wenigen Ausnahmen abgesehen, die dank sehr großer Bestände sogar davon profitieren, gleichfalls selten oder verschwinden. Die Überdüngung der Fluren hat die Entwicklung der Bestände mancher Arten des Jagdwildes stark gefördert. Im 19. Jahrhundert gab es in Mitteleuropa weit weniger Rehe als heute, Hirsche waren nahezu ausgerottet, die Wildschweine unstet und viel seltener als in unserer Zeit. Stark bejagte, seltenere und scheue Tiere wie die Greifvögel und eine Reihe weiterer Großvögel sowie Kleinraubtiere, etwa Füchse und Marder, nahmen in ihren Beständen erst dann wieder allmählich zu, als ihre Bejagung vermindert oder ganz eingestellt wurde. Die auf dem Land weiterhin stark bejagten Füchse und Marder leben, auf gleich große Flächen bezogen, in den Städten in erheblich größeren Beständen (und offensichtlich recht gut) als in Wald und Flur.

Der Rückgang der Scheu ermöglichte es vielen anderen Arten von Säugetieren und Vögeln, in die Städte zu kommen und die neuen Lebensmöglichkeiten zu nutzen. So manche optisch recht attraktive Vogelart läßt sich in der Stadt aus nächster Nähe betrachten, während ihre Verwandten sogar in Naturschutzgebieten die Flucht ergreifen, bevor man sie halbwegs zu sehen bekommen hat, da auch in den allermeisten Naturschutzgebieten gejagt wird.

Recht unterschiedlich entwickelte sich dagegen in den letzten Jahrzehnten der Artenreichtum in den Gewässern. Im 19. Jahrhundert gab es in Flüssen und Seen nicht nur eine Fülle von Arten, sondern auch hohe, sehr ertragreiche Fischbestände. Früher als in der Landwirtschaft setzte hier jedoch im Zuge des Ausbaus der Flüsse die strukturelle Vereinheitlichung ein. Die größeren und großen Flüsse wurden zum Teil schon zu Beginn des 19. Jahrhunderts begradigt. Der sogenannte Längsverbau bedeutete eine Kanalisierung, durch die der Abfluß beschleunigt und die Auen mit ihren Auwäldern vom Fluß getrennt wurden. Durch die rasche Eintiefung der begradigten Flüsse nahmen die früher häufigen Überschwemmungen ab. Sie beschränkten sich nun auf die selteneren starken Hochwässer. Daher konnten die ursprünglich hauptsächlich als Weideland genutzten Flußauen »in Kultur genommen« werden. Die Auwälder wurden gerodet und, wo das möglich war, in Felder umgewandelt. Trotzdem blieben die meisten Flüsse hinsichtlich der Fischereierträge recht produktiv. Das lag allerdings daran, daß von so gut wie allen

Siedlungen, gleich, ob es sich um kleine Fischerdörfer oder große Städte handelte, menschliche Abwässer ungeklärt eingeleitet wurden. Die große Menge organischer Reststoffe, die darin enthalten war, düngte die Flüsse, nährte die Kleintiere darin und kam damit den Fischen zugute. Der Verlust der Auen und der daraus stammenden pflanzlichen Abfallstoffe wurde durch die Abwässer der Menschen nicht nur ausgeglichen, sondern sogar übertroffen.

Jahrhundertelang war es also so, daß die strukturelle Verarmung aufgrund der Begradigung durch die steigenden Abwassermengen der Menschen weitgehend ausgeglichen wurde. Doch dann nahm in den sechziger Jahren eine neue Entwicklung ihren Lauf. Die Waschmittel bekamen Zusätze, die einen hohen Gehalt an Phosphaten aufwiesen. Diese düngten nun die Flüsse, insbesondere aber die Seen, in die Abwässer eingeleitet wurden, in einem nie dagewesenen Ausmaß. Wasserpflanzen fingen an zu wuchern, Gewässer verkrauteten, häufig waren sie nun mit stinkenden Massen absterbender Algen bedeckt. Andere Zusätze, die dazu dienten, die Oberflächenspannung des Wassers zu reduzieren, führten dazu, daß sich Schaumberge auf den Gewässern bildeten. Bald nahm das Fischsterben immer größere Ausmaße an. Die Gegenmaßnahmen (Kläranlagen zur Reinigung der Abwässer) wurden teuer. Die Waschmittel mußten (weitgehend) wieder phosphatfrei werden, und schon nach wenigen Jahrzehnten änderte sich die Lage erneut dramatisch: Aus Kloaken wurden wieder saubere Gewässer, in denen man sogar baden und Fische für den Verzehr angeln konnte.

Die frühere Menge an Fischen stellte sich allerdings nicht wieder ein; natürlich nicht, denn es fehlte nun den »Nährtieren« der Fische an Nahrung. Die Auen gab es längst nicht mehr. Kaum fünf Prozent der ursprünglichen Auwälder hatten die Regulierungen überlebt. Die begradigten Flüsse schwemmen all das, was an natürlicher Nahrung in ihr Wasser gelangt, viel zu schnell davon und transportieren es letztlich ins Meer. Der Abbau der Blätter oder anderer Pflanzenstoffe, insbesondere von Schwemmholz, braucht jedoch viel Zeit. Diese steht bei den »abflußertüchtigten«, begradigten Gewässern nicht mehr zu Verfügung. Auch der Rückbau zu natürlicheren Zuständen kann die frühere Produktivität aus dem gleichen Grund nicht oder nur unvollständig wiederherstellen, wenn es am Fluß keine Auwälder mehr gibt. Es ist – allerdings nur in bezug auf die organischen Reststoffe – in unseren Gewässern genau das Gegenteil dessen geschehen, was sich an Land in Feld und Flur (und auch in den Wäldern, wenngleich in erheblich geringerem Maße) vollzogen hat. Die frühere Überdüngung wurde zurückgenommen und hat inzwischen dem Mangel Platz gemacht. Der Artenvielfalt kommt das zugute, nicht aber der Produktivität der Gewässer. Die Vielfalt erreicht dennoch bei weitem nicht die früheren Verhältnisse, weil gleichzeitig eine andere Form der Düngung zugenommen hat, die alle Gewässer massiv belastet. Es sind dies die Düngemittel mineralischer Art aus der Landwirtschaft, insbesondere Nitrate. Sie begünstigen weiterhin und sogar zunehmend das Wachstum bestimmter Algen, die jedoch keinen Ersatz für die organischen Reststoffe darstellen. Vielmehr verkleben sie das sogenannte Sandlückensystem unter dem überströmten Sand und dem feinen Kies in den Flüssen und an den Seeufern. Zuwenig Frischwasser mit Sauerstoff gelangt in die feinen Kanäle dieses Sandlückensystems, in denen sich die Eier mancher Fischarten entwickeln (würden, wenn sie noch könnten). Die Veralgung des Gewässerbodens beeinträchtigt die Kleintiere, die sich als Filtrierer betätigen. Sichtbar wird diese Veränderung, die auch ganz klare Fließgewässer erfaßt hat, an den Algenbärten an den

Steinen am Flußgrund und dem Fehlen von Muscheln. Inzwischen werden zwar die menschlichen Abwässer außerordentlich gut gereinigt, nicht aber die ungleich größeren Mengen (je nach Region übertreffen sie die Abwässer der Menschen um das Drei- bis Fünffache) aus der landwirtschaftlichen Viehhaltung. Die Reste des Mineraldüngers und die ins Grundwasser sickernden, gelösten Inhaltsstoffe der Gülle beschicken unsere Gewässer mit einem so hohen Übermaß an belastenden Stoffen, daß sich die großen Erfolge der menschlichen Abwasserreinigung in modernen, hochgradig wirkungsvollen Kläranlagen in den Gewässern nicht dem Aufwand entsprechend umsetzen. Die Kosten für die hocheffizienten und daher enorm teuren (man kann das an den horrenden Abwassergebühren ablesen) Kläranlagen stehen also in kaum einem sinnvollen Verhältnis zu den Ergebnissen in der Natur. Die Zielsetzungen von Natur- und Umweltschutz, die doch gerade im Hinblick auf das Abwasser miteinander konform gehen sollten, klaffen hier weit auseinander. Dementsprechend finden sich viele im Wasser lebende Arten auf den Roten Listen, obwohl Jahrzehnte der Gewässerreinhaltung mit einem finanziellen Aufwand, der in die Milliarden ging, doch eigentlich längst zu »Entwarnung« und reichen Ernten bei den Fischen hätten führen sollen.

3 Gegen die Zeit

Heimisch und fremd

Die weitgehende Festlegung der Naturschutzziele und Leitbilder auf Verhältnisse, wie sie im 19. Jahrhundert in Mitteleuropa herrschten, zwingt dazu, die Zeit in die Betrachtung mit einzubeziehen. Denn offenbar ist die Beurteilung der Gegebenheiten davon abhängig, worauf man sich jeweils bezieht, auch wenn die Zeit an sich kein »Faktor« ist. Redet man von einem Faktor, meint man damit ja, daß etwas Bestimmtes (direkt) von einer Kraft, Substanz oder Entwicklung bewegt oder hergestellt wird. Die Zeit dagegen entspricht eher einer Bühne, auf der sich die Staffage wandelt, und zwar mal schneller und mal langsamer. Die Vorgänge in der Natur, mit denen sich die (wissenschaftliche) Ökologie befaßt, spielen sich auf diesen Bühnen der Zeit ab. Um Bühnen, also um die Mehrheitsform handelt es sich, das ist dabei zu betonen, denn es gibt nicht nur die eine und damit auch die »richtige« Bühne, sondern im Lauf der Zeiten deren viele. Beliebig viele eigentlich, denn alles hängt davon ab, welchen Zeitausschnitt oder Zeit-»Punkt« wir wählen. So wie kein Jahr klimatisch oder in bezug auf die Nutzung der Natur durch den Menschen dem nächsten oder dem vorangehenden genau gleicht, so wenig stellen bestimmte Jahre oder ein Jahrhundert eine Bezugsbasis für den »richtigen Zustand« dar. Die Natur bleibt im Fluß; sie verändert sich. Mitunter geht das schnell vonstatten, meistens unmerklich.

In der Natur gibt es insofern kein »Masterjahr«, auf das wir alle Veränderungen beziehen könnten. Legen wir ein Jahr, Jahrzehnt oder Jahrhundert als Vergleichsgröße fest, so ist dies stets willkürlich. Aus der Geschichte des Menschen wissen wir, daß kein Jahr und keine Zeitspanne den »richtigen« Bezugswert für die Beurteilung historischer Entwicklungen darstellen kann. Wir können immer nur aus dem Hier und Jetzt zurückblicken. Doch solche Vergleiche sind meistens unzureichend, weil verläßliche Informationen um so spärlicher werden, je weiter wir in die Geschichte zurückgreifen.

So verhält es sich auch mit der Natur und ihrer Geschichte, der Naturgeschichte. Wollten wir etwa das 12. oder das frühe 13. Jahrhundert unserer Zeitrechnung zum Bezugspunkt für die Gegenwart machen, so wären zwar Wetter und Klima recht ähnlich, aber wir hätten heute viel mehr Wald als damals. Ein halbes Jahrtausend früher, in den Zeiten der Römer, bedeckten hingegen Wälder im Bereich Germaniens größere Flächen als heute. Besonders dramatisch ging der Waldanteil auf dem Gebiet der heutigen USA zurück, nachdem dort die ersten Siedler aus Europa eingetroffen waren. In gerade einmal 200 Jahren, von 1650 bis 1850, sank die Waldfläche von über vierzig auf knapp drei Prozent (Alaska ausgenommen). Vermutlich wurde niemals in der Geschichte der Menschheit soviel Wald in so kurzer Zeit gerodet wie im Zuge der Kolonisierung Nordamerikas durch die Europäer. Umgekehrt nahm die Waldfläche nirgends so schnell (wieder) zu wie in Mitteleuropa ab dem 19. Jahrhundert. Die Vorstellung, in früheren Zeiten hätten sich die Verhältnisse in der Natur weniger stark und viel langsamer verändert als heute, ist schlicht falsch. Deshalb können wir auch nicht davon ausgehen, Anzahl und Häufigkeit der Pflanzen- und Tierarten Mitteleuropas seien ebenso wie die Wald-Flur-Verhältnisse oder die Art der Bewirtschaftung des Landes jahrhundertelang stabil und »im Gleichgewicht« gewesen. Die einzige Größe, die über die Jahrhunderte stabil blieb, war die Übernutzung des Landes.

Denn wo nicht noch mehr herausgeholt werden kann, ändert sich zwangsläufig nicht mehr viel. Mit einer »natürlichen« Stabilität hat das allerdings nichts zu tun. Der Zustand einer ausgebeuteten, übernutzten Natur war Menschenwerk. Infolgedessen waren auch die Tiere und Pflanzen jener Zeit in ihren Vorkommen und Häufigkeiten Menschenwerk. Sie spiegelten zwar die Gegebenheiten in der übernutzten Natur, waren dabei aber weit entfernt von einem Zustand, den man sinnvollerweise für Mitteleuropa als »natürlich« bezeichnen könnte.

Warum muß das an dieser Stelle so ausdrücklich betont werden? Naturschützer könnten ja einwenden, daß die vergleichsweise große Vielfalt im 19. Jahrhundert trotz alledem eine Tatsache war und daß diese Arten demnach auch heute in Mitteleuropa leben könnten. Wenn sie hier jedoch in unserer Zeit selten oder ausgestorben sind, dann muß das an Veränderungen liegen, für die unsere Gesellschaft verantwortlich ist. Dieser Einwand ist natürlich prinzipiell richtig. Doch was besagt er, wenn es um bestimmte, gerade heute so oft und so heiß diskutierte Arten geht? Um die sogenannten »fremden Arten« nämlich? Um Bisamratte und Riesenbärenklau, Marderhund und Wandermuschel oder Asiatische Marienkäfer und andere Tiere und Pflanzen. Ihnen werfen insbesondere die Naturschützer, aber auch die Jäger und manch andere Zeitgenossen vor, sie würden »unsere Natur« verfälschen, überfremden und schädigen. »Wie ein Krebsgeschwür breiten sie sich aus, infiltrierend, metastasierend«, schrieb ein Naturschützer und erklärter Gegner der Fremden in den neunziger Jahren. Kämmt man die Medienberichte der letzten zehn Jahre durch, so sollen die fremden Arten, auch »Aliens« oder »Neobiota« genannt, sogar eine der größten Bedrohungen für die Zukunft der Arten darstellen, wobei mit Arten natürlich die »heimischen« gemeint sind. Die Bezeichnung »Aliens« ruft Assoziationen aus der Science-fiction-Literatur wach, »Neobiota«, »Neu-Lebewesen«, klingt zwar wissenschaftlicher, ist aber kein Deut besser. Denn das Kunstwort, das besonders akademisch klingen soll, faßt die »Neozoen« und die »Neophyten« zusammen, was, in die normale Sprache übersetzt, soviel bedeutet wie »Neutiere« und »Neupflanzen«. Doch der vom einheimischen nur schwer zu unterscheidende Asiatische Marienkäfer ist ebensowenig »neu« entstanden wie das so schön blühende Drüsige Springkraut. Sie sind lediglich hier bei uns neu; das Springkraut existiert hier seit gut hundert Jahren, der Asiatische Marienkäfer seit etwa einem Jahrzehnt. Es handelt sich bei ihnen keineswegs um gentechnisch neu fabrizierte Arten, wie man auch meinen könnte, sondern lediglich um ganz normale Tiere und Pflanzen, die in einer bestimmten Gegend »neu« sind. Nun wirkt in einer Zeit, die eigentlich nur das »Neue« wahrnimmt und schätzt, der Kampf gegen die »neuen« Arten wie eine »Umwertung aller Werte«. Haben wir es hier lediglich mit einem oberflächlichen und naiven, ja geradezu kindlichen Fremdeln zu tun? Die Wortwahl bei der Kennzeichnung der fremden Arten erinnert in fataler Weise an den Jargon des Nationalsozialismus, wenn »die Fremden« das Echte, das Heimische bedrängen. »Ausgemerzt« sollen sie werden, so die Forderung. Vorurteile beherrschen die Diskussion um die fremden Arten. Die »Neuen« sind alles andere als willkommen. Sie sollen ausgerottet werden, um die heimische, das heißt die »richtige« Tier- und Pflanzenwelt nicht zu verfälschen oder gar zu bedrohen.

Verständlich wären die heftigen Reaktionen, die die sogenannten Fremdlinge wie der fuchsgroße Marderhund oder der Waschbär auslösen, dann (aber auch nur dann), wenn sie tatsächlich die heimischen Arten verdrängen würden. Dann stellen sie wirklich eine Gefahr dar. Dennoch bliebe die Frage offen, warum die Fremden überhaupt und gerade jetzt zu uns kommen. Denkbar wäre ja, daß solche Vorgänge entweder seit eh und je Teil der natürlichen Dynamik sind oder aber daß die fremden Arten gegenwärtig aus ganz bestimmten Gründen zu uns kommen. Stellen wir diese Frage kurz zurück, um uns zunächst ein Bild von der allgemeinen Lage zu verschaffen. Sie ist bemerkenswert eindeutig. Das wird aber in manchen, durchaus meinungsbildenden Kreisen des Naturschutzes nicht wahrgenommen. »Neue« Arten hat es immer gegeben. In den vom Menschen stark veränderten oder gar, wie etwa die Feldflur, neu geschaffenen Lebensräumen ist der weitaus größte Teil der darin lebenden Pflanzen- und Tierarten, genaugenommen, »fremd«. Sie wanderten im Lauf der Jahrhunderte ein und breiteten sich aus. Nicht immer zur Freude der Landwirte übrigens, denn die meisten Pflanzen, die sich neu auf den Äckern ansiedelten, galten als Unkraut, das die Erträge schmälerte. Auch so niedliche ehemalige Zuwanderer wie die Feldhasen können nach Ansicht der Bauern Schäden verursachen. Gegen die Fasanen, die die Jäger erst Ende des 19./Anfang des 20. Jahrhunderts zu ihrem Jagdvergnügen einführten, mußten starke Abwehrmittel entwickelt werden, damit sie sich nicht über die frisch ausgesäten Maiskörner und die jungen Keimlinge hermachten. Andere Arten waren und blieben harmlos, zum Beispiel die Feldlerche, oder sie gelten heute nach langen Jahren intensiver Bekämpfung als zu selten und daher schützenswert, etwa die Feldhamster. Blaue Kornblume und Roter Mohn sind Neue von früher; die schöne, heute sehr selten gewordene (und giftige) Kornrade zählt auch zu ihnen. Was sich sonst an Vögeln, Schmetterlingen, Käfern und anderem Getier in Feld und Flur tummelt(e), gehört größtenteils zu den Zuwanderern der Vergangenheit. Auch in den Wäldern (Entsprechendes gilt für die Gewässer) hat sich durch die Entwicklung der Forstwirtschaft einiges verändert.

Es ist also gar nicht so einfach, wirklich (ur)heimische Arten ausfindig zu machen, weil die allermeisten nicht plötzlich, sondern eben im Lauf der Zeit gekommen sind. Hatten sie sich einmal etabliert, galten sie jedoch bald als »heimisch«, was sie ja auch geworden waren. Doch nicht nur »Einwanderer« aus fernen Regionen (tatsächlich kamen viele Arten aus dem östlichen Mittelmeer- und Schwarzmeerraum zu uns) führten zu Veränderungen, sondern auch innerhalb Mitteleuropas gab es große Umschichtungen. Fichten wurden aus Bergwäldern ins Flachland versetzt, Waldvögel wanderten in die Städte ein, Küstenvögel fanden an den künstlichen Gewässern im Binnenland eine neue Heimat und so fort. Um es noch einmal zu betonen: Mindestens 98 Prozent der Landfläche Mitteleuropas befinden sich nicht mehr in irgendeinem »Naturzustand«, sondern sind vielmehr Teil der Kulturlandschaft. Nicht einmal in Naturschutzgebieten ist die Natur ganz natürlich zusammengesetzt. Was als heimisch oder fremd gilt, hängt somit einfach von der gewählten Zeitskala ab. Nimmt man das Jahr 1900, wie es oft geschieht, als Masterjahr, sind natürlich all die Arten, die erst danach zu uns gekommen sind, »fremd«, selbst wenn sie vielleicht schon neunzig Jahre unauffällig bei uns leben. Eine solche historische Sichtweise bringt auch eine große, peinliche Ironie der aktuellen Debatte ans Licht: Denn ausgerechnet der Riesenbärenklau (auch Herkulesstaude genannt) und das Drüsige (oder Indische) Springkraut, zwei der gegenwärtig am heftigsten kritisierten Fremdarten, gab es bei uns nämlich schon im 19. Jahrhundert. Den wegen seiner phototoxischen Wirkung auf ungeschützter Haut gefährlichen Riesenbärenklau hatte man damals gezielt eingeführt, um die im Spätsommer vielerorts zu dürftigen Bienenweiden mit seinen Riesenblüten zu verbessern. Und das Drüsige Springkraut war als Gartenpflanze hoch geschätzt, weil es wirklich schöne Blüten hat, die Hummeln sehr gerne besuchen. Auch die etwas später ins Land geholten ostasiatischen Riesenknöteriche dienten einem bestimmten, damals verständlichen Zweck: Sie sollten dem Wild Deckung und Futter bieten, um es von den Feldern fernzuhalten. Seit sich Jäger wie Landwirte den Wildschaden dank der enorm gesteigerten Produktivität der Feldflur leicht leisten können, spielt solch ein Ablenkfutter nur noch eine untergeordnete Rolle. Dort, wo es dennoch angeboten werden soll, hat man mittlerweile auf nordamerikanische Sonnenblumenverwandte (etwa Topinambur) umgestellt.

Von uns gegangen, und zwar rasend schnell, ist hingegen die große (Pflanzen-)Pest der Waschmitteljahre, die Kanadische Wasserpest nämlich. Als ihr dank der Abwasserreinigung und der starken Verminderung der Phosphate in den Waschmitteln die Basis für ihr Wuchern in den Gewässern entzogen war, schrumpften ihre Vorkommen rasch und schwanden fast bis zur Unauffindbarkeit. Ähnlich erging es nahezu allen Ackerunkräutern, vom harmlosen, schön »blauäugig« blühenden Echten Frauenspiegel bis zur giftigen Kornrade und von der Falschen Kamille bis zu den Disteln. Ihnen wurden allerdings nicht die Nährstoffe entzogen, im Gegenteil: Manche Arten könnten heute dank der Überdüngung noch viel stärker wuchern als früher. Doch die Agrochemie entwickelte so wirkungsvolle Herbizide, daß diese Pflanzen keine Chance mehr haben. Sie wurden so selten, daß sie auszusterben drohen. Also benannte man sie kurzerhand in »Ackerwildkräuter« um und stattete die Landwirte mit Sondermitteln aus dem EU-Agrarfonds aus, um sie der Flur wenigstens auf Streifen an den Rändern der Felder zu erhalten.

Die Fremdlinge von früher sind die Schutzwürdigen von heute. So geht das, wenn die Zeit Herkunft und Spuren verwischt und das einst Besondere alltäglich und dann wieder rar gemacht hat. Es ergibt daher keinen Sinn, irgendeinen Zeitpunkt festlegen zu wollen, ab dem alle neuhinzugekommenen Arten als fremd und neu zu gelten haben und alle bereits vorhandenen automatisch als heimisch. Hat man sich an das/die Fremde/n erst einmal gewöhnt, möchte man sie nicht mehr missen, spätestens dann, wenn sie wieder zu verschwinden drohen.

Nun könnte man einwenden, die Ackerwildkräuter seien nicht so fremd wie manch andere Arten, weil sie doch immerhin aus Europa stammen. Anders sieht es dagegen bei jenen Arten aus, die aus ganz anderen Kontinenten zu uns gekommen sind, etwa die Kartoffel und der Mais, die aus Mittel- und Südamerika stammen, sowie die Sonnenblume aus Nordamerika. Doch da auch Weizen, Gerste und Hafer aus dem asiatischen Vorderen Orient stammen, hat man es hier mit mehr oder minder kontinuierlichen Übergängen zu tun. Allzu viele heimische Arten wirklich europäischer Herkunft bleiben gar nicht mehr übrig, genaugenommen eigentlich nur die Rüben, aber auch die wurden durch Züchtung zu etwas »Künstlichem« gemacht. Kaum ein Waldbaum wächst in unseren Forsten an seinem natürlichen Standort. Auch derzeitige Sorgenkinder wie die Roßkastanie kämen ohne massives Zutun des Menschen hier gar nicht vor. Doch ihr ehemaliger Status als Fremdling ändert nichts an der Tatsache, daß die Kastanien als Biergarten- und Alleebäume (in Stadtnähe) sehr geschätzt sind. Seit Anfang der neunziger Jahre werden nun aber ihre Blätter von einem winzigen Kleinschmetterling befallen, dem deswegen die für seine Verwandtschaft seltene Ehre zuteil wurde, einen deutschen Namen bekommen zu haben: Kastanien-Miniermotte. Bei starkem Befall werden die Kastanienblätter vorzeitig fleckig und braun. Das mindert ihre Schönheit im Biergarten oder im Stadtpark, nicht aber ihre Lebenskraft. Sie werden von den Miniermotten also nicht umgebracht, auch wenn die Boulevardpresse diese Kleinschmetterlinge »Killer-Motten« genannt hat. Das Pikante an der neuen Situation ist, daß ein orthodoxer, auf standortheimische Arten bedachter Naturschutz die Miniermotte eigentlich begrüßen und fördern sollte. Hätte sie doch jetzt ein probates Mittel sein können, den früheren Fremdling Roßkastanie hierzulande zu vernichten. Biologische Schädlingsbekämpfung nennt man bekanntlich solche Vorgehensweisen. Doch da die Kastanie schon ab dem 17. Jahrhundert bei uns, wenngleich anfänglich recht vereinzelt, angesiedelt und dann im 19. Jahrhundert zum begehrten Biergartenbaum wurde, schickt es sich nicht mehr, die Motte zu begrüßen und den Fremdling zu bekämpfen. Solch einer merkwürdigen Mentalität hängen bei uns jedoch nicht nur die Naturschützer an, sondern auch die Jäger. Diese halten beispielsweise bis heute den (heimischen) Habicht für bekämpfenswert, weil er den von ihnen sehr geschätzten, aber erst in den Zeiten von Riesenbärenklau und Drüsigem Springkraut in Mitteleuropa künstlich heimisch gewordenen Fasan fängt. Auch daß Kartoffelkäfer und Maiszünsler nie als willkommene Feinde der fremdkontinentalen Nutzpflanzen angesehen wurden, liegt auf der Hand.

Wie kommt es aber, daß tatsächlich einige Arten, die – nennen wir es mal so – noch nicht allzulange im Lande sind, plötzlich derart invasiv werden konnten, daß man mit viel Aufwand gegen sie zu Felde zieht? Diese Frage ist mehr als berechtigt, denn ein Blick in die Kataloge von Gartenpflanzen oder in die Gärten selbst zeigt, daß es nicht nur Hunderte, sondern Tausende fremder Pflanzenarten gibt, die in unseren Gärten wachsen dürfen und gedeihen sollen. Grob geschätzt, haben wir es dabei mit mehr Pflanzenarten zu tun, als hierzulande wild wachsen. Von diesen vielleicht 4000 bis 5000 Arten und Formen sind jedoch nur einige wenige aus unseren Gärten »ausgebrochen« und »invasiv« geworden, und bei diesen handelt es sich zudem um solche, die wie die oben genannten ursprünglich sogar gezielt in der freien Natur angepflanzt wurden.

Warum ist die Natur dann aber kein bunter Schrebergarten? Warum siedeln sich beispielsweise fast nie Zugvögel fremdländischer Herkunft bei uns an, obwohl die Ornithologen jedes Jahr mehr Besuche von sogenannten »Irrgästen« notieren, als es Brutvogelarten bei uns gibt? Allzu häufig kommen solche Invasionen durch Fremdarten also nicht vor, nur höchst selten einmal hat die eine oder die andere Art Erfolg.

Die Lösung dieses vermeintlichen Rätsels ergibt sich bei näherer Betrachtung der betreffenden, invasiv gewordenen Arten. Wo leben sie? Und wovon? Das sind die beiden entscheidenden Fragen. Die Antwort ist ganz einfach: Sie leben dort erfolgreich, wo der Mensch ihnen buchstäblich den Nährboden zubereitet hat, und sie leben von Stoffen, die in unnatürlichen Massen produziert werden. Der Riesenbärenklau braucht für sein Wuchern einen sehr mineralstoff-, vor allem stickstoffreichen Boden. Er bekommt diesen an den Feldrändern und Gräben durch die landwirtschaftliche Überdüngung serviert. Entlang der Autobahnen liefern die mit hohen Drehzahlen fahrenden Autos den Dünger in Form von verbranntem Luftstickstoff. Wo die Böschungen mit Rindenmulch oder ähnlichem bedeckt wurden, damit die Vegetation schnell Fuß fassen und den »Eingriff« mit freundlichem Grün bedecken kann, liefert der Verkehr dem Riesenbärenklau das »Futter«. Zwischen dreißig und sechzig Kilogramm Stickstoff gehen pro Hektar und Jahr als »Düngung aus der Luft« über dem ganzen Land nieder. Vor dem Zweiten Weltkrieg hätte man eine solche Menge noch als erstrebenswerte Volldüngung für die Landwirtschaft erachtet. Es ist insofern kein Wunder, daß sich die so stark mit Nitraten und anderen, das Pflanzenwachstum fördernden Stoffen aus der Landwirtschaft belasteten Gräben und Bachränder mit großen Beständen des schön rot, rosa oder weiß blühenden Drüsigen Springkrauts überziehen. Diese Pflanzenart benötigt nämlich eine so starke Düngung, um aus einem einzigen, gerade stecknadelkopfgroßen Samen zu einer zweieinhalb bis über drei Meter hohen Pflanze aufwachsen zu können, die viele Blüten ausbildet, die wiederum Hunderte Samen liefert. Und all das in wenigen Monaten von Mai bis August.

Die Überdüngung ist also der Grund, weshalb einige wenige Pflanzen so invasiv werden konnten, es liegt keineswegs an ihrer »bösen Natur«. Und viele Insekten haben zur rasanten Ausbreitung dieser Arten ohnehin eine ganz andere Haltung als wir Menschen. Die Blütenteller des Riesenbärenklaus geben im Hoch- und Spätsommer reichlich Nektar und dienen damit ungleich mehr Tierarten als Lebensbasis als die ähnlich stickstoffliebenden Brennesseln, die an ihrer Stelle wuchern würden. Das ist auch der Grund, weshalb diese vom Stickstoffüberschuß profitierenden Pflanzenarten, die schon fünfzig oder hundert Jahre im Land waren, erst dann rasant an Häufigkeit zunahmen, als sich in den siebziger Jahren die Nährstoffbilanzen plötzlich so stark in Richtung Überdüngung verschoben. Solange magere Verhältnisse herrschten, konnten sie nicht wuchern. Dasselbe gilt für all die typischen »echten« Schädlinge der Kulturpflanzen, denen mit den gesteigerten Erträgen auch stark verbesserte Lebensmöglichkeiten geboten wurden. Sie müssen heute mit Gift kurzgehalten werden.

Wenn sich nun aber die Möglichkeit abzeichnet, den Gifteinsatz mit Hilfe der Gentechnologie stark zu vermindern, da sie bestimmte Nutzpflanzen gegen Schädlinge resistent macht, formiert sich dagegen, gerade unter Naturschützern, ein ans Groteske grenzender Widerstand. Es ist, als seien sie schlichtweg gegen jede Veränderung. Nicht einmal die massive Verminderung des Einsatzes von Gift wird positiv gewertet. Als in den Zeiten des Hungers die Kartoffel den Menschen praktisch das Leben rettete, begehrte auch niemand dagegen auf, daß man den Fremdling aus Amerika ins Land ließ. Natürlich ist ein Schinken von mit Eicheln ernährten Schweinen aus der Waldweidenutzung dem heutigen mit Mais und Sojaschrot erzeugten Fleisch vorzuziehen, und tatsächlich importieren wir ihn als Serranoschinken für teures Geld aus Spanien. Doch mit dem billigen Fleisch wäre es ohne die fremden Futterpflanzen bald vorbei, gleichgültig ob diese gentechnisch veränderte oder künstlich erzeugte, in der Natur nicht vorkommende Hybride sind wie eben der Mais. So lehrt eine nähere Betrachtung der Problematik von »heimisch und fremd« im Naturschutz, daß es vielfach um die Zeit und historische Veränderungen geht und nicht so sehr um die Ökologie oder den Naturhaushalt.

Veränderungsverbot

Die Sortierung der Arten nach »heimisch« und »fremd« drückt in aller Deutlichkeit die vorherrschende, statische Haltung des Naturschutzes aus. Veränderungen sind unerwünscht, gleichgültig in welche Richtung sie verlaufen. Heimische Arten sollen nicht seltener werden, Biotope nicht verschwinden. Fremde sollen nicht kommen, neue Biotope nicht entstehen. Sogar heimische Arten werden eher mit Argwohn betrachtet, wenn sie häufiger werden. Irgend etwas scheint dann mit ihnen nicht zu stimmen. Gerade so wie mit dem Artenreichtum in den Städten. Die verbreitete Geringschätzung des Tier- und Pflanzenlebens im Siedlungsraum des Menschen macht anschaulich, worum es vielen Naturschützern geht: um die Stimmung und um den Erlebniswert der Natur. Ein Wanderfalke vor einer einsamen, menschenleeren Felskulisse bietet einen ganz anderen Anblick als seine Artgenossen, die von Kirchtürmen oder Wolkenkratzern aus Stadttauben jagen oder auf solchen Gebäuden nisten. Wiederum, und das sei nachdrücklich betont, läßt sich diese Haltung menschlich sehr gut nachvollziehen. Dennoch muß allen klar sein, daß es dabei nicht um den Wanderfalken und sein Überleben geht, sondern um den Menschen und sein Erlebnis.

Die Erlebnisfähigkeit gehört zur Natur des Menschen. Ganz wesentlich wird sie schon in der Kindheit und (frühen) Jugend geformt. Das ist an sich nichts Besonderes. Denn aus Untersuchungen an Vögeln ist bekannt, daß es eine Prägung auf den Lebensraum gibt, in dem sie aufgewachsen sind; Experten sprechen hier von »Habitatprägung«. Wenn die Vögel später nach einem geeigneten Brutplatz suchen, gibt ihnen diese Habitatprägung den Rahmen vor. Sie werden sich in Gebieten ansiedeln, die jenen ähneln, in denen sie selbst aufwuchsen.

Bei uns Menschen pflegen wir dieses Gefühl Heimatverbundenheit zu nennen. Wer in den Bergen aufgewachsen ist, tut sich schwer mit weiten Ebenen, außer besuchsweise und im sicheren Wissen, ins Gebirge zurückkehren zu können. Man vermißt das Meer oder den See, die Wälder oder auch die Großstadt, je nachdem, wo man herkommt. Gerade die Bindung an den zweifellos nicht natürlichen Lebensraum Großstadt zeigt die Unmittelbarkeit dieser Prägung. Ein fernes evolutionäres Erbe, etwa daß der Mensch aus der Savanne stammt und daher Bäume in der Umgebung, einen schützenden Felsen hinter sich sowie freien Ausblick besonders schätzt und wir deshalb solche Landschaften mögen, braucht hier gar nicht bemüht zu werden. Die Prägung auf die Heimat bleibt nicht im Allgemeinen stecken. Nicht irgendeine Landschaft des betreffenden Typs ist es, die das Heimatgefühl auslöst, sondern die spezielle, in der die Menschen tatsächlich aufgewachsen sind. Zwar werden sie, so sie nicht dauerhaft in dieser ihrer Heimat leben können, nach zumindest ähnlichen Verhältnissen suchen, doch auch diese werden bewußt oder unbewußt nach dem Grad ihrer Abweichung vom geprägten, verinnerlichten Vorbild bewertet. Entscheidend ist dabei die Abweichung, nicht die Richtung der Veränderung. Wenn auf einmal mehr Natur existiert, als man lange Zeit gewohnt war, kann das durchaus auch als zuviel Natur empfunden werden, wie umgekehrt zuwenig Natur ein Unbehagen auslösen mag, an das man sich erst gewöhnen muß.

Allerdings verharrt auch die Kulturlandschaft nicht unverändert in einem statischen Zustand. Dörfer wachsen; Formen der Landnutzung ändern sich; der Verkehr nimmt zu; auch die Art des Verkehrs wandelt sich. Nichts bleibt auf Dauer so, wie es einmal an einem bestimmten Ort war. Weder in der Menschenwelt noch in der Natur selbst herrscht Beständigkeit. Daß es im allgemeinen zu keinen größeren Konflikten mit der geprägten Umwelt kommt, hängt mit der Geschwindigkeit der Veränderungen zusammen. Was sich vor unseren Augen nach und nach unmerklich vollzieht, das wird eben, wie es das Wort ausdrückt, nicht bemerkt. Die Verbundenheit mit einem Ort und seiner Umgebung kann deshalb bestehen bleiben, obwohl Veränderungen stattfinden – es sei denn, diese kommen zu rasch, zu abrupt. Dann betrachten wir sie als Störung. Wie jede Störung geht diese zwar wieder vorüber, aber bis sie überwunden ist, verstreicht Zeit, viel Zeit unter Umständen. Es kann bei massiven Veränderungen einer ganzen Generation bedürfen, bis sie nicht länger als solche wahrgenommen werden. Nur ein Beispiel dazu: Wer am »freifließenden Fluß« aufgewachsen ist, wird sich auch dann nicht mit dem Stausee anfreunden können, wenn dieser tatsächlich mehr Natur zu bieten hat als der »freie«, aber kanalisierte Flußlauf. Wer hingegen am Stausee aufgewachsen ist, kann keinem früheren Zustand nachtrauern, den er selbst nicht erlebt hat. Am problematischsten sind jedoch Wunschbilder, die durch den Rückgriff auf Schilderungen früherer Zeiten, also aus dem gar nicht selbst Erlebten aufgebaut werden. Sie idealisieren Zustände der Natur, die es so nie gegeben hat.

Tatsächlich wirkt dieses Prinzip der Prägung offenbar ein Leben lang. Wir neigen dazu, den ersten Eindruck als Maßstab für Veränderungen zu nehmen, die sich über mehr oder weniger große Zeiträume hinweg vollziehen. Wir sind lediglich bereit, offensichtliche Übergangszustände ohne Irritation hinzunehmen, etwa wenn ein Gebäude im Rohbau dasteht und wir uns vorstellen können, wie es später im fertigen Zustand aussehen wird. Tauchen jedoch neue Gebäude oder Straßen in einem gewohnten Landschaftsbild auf, empfinden wir sie automatisch als Beeinträchtigung, egal, wie gut oder wie unpassend sie ausgeführt sind. Das gilt jedoch keineswegs nur für Eingriffe in die Landschaft bzw. in den Naturhaushalt, sondern auch für Änderungen, die sich ganz »natürlich« vollziehen. So würden von mäandrierenden Bächen durchzogene Täler selbstverständlich zuwachsen, wenn sie nicht künstlich offengehalten würden. Dasselbe gilt für viele Almen. Verschwinden würden auch die Streuobstwiesen, die Lichtungen, die Tümpel und schließlich mit der Zeit das ganze offene Land, wenn es sich selbst überlassen bliebe. Auch dies würden wir als massive Störungen empfinden, falls wir eine solche Landschaft nach längerer Abwesenheit mit der Folie abglichen, die wir uns früher eingeprägt haben. Infolgedessen kommt Maßnahmen (also Eingriffen) wie dem Offenhalten von Bachtälern, der Pflege von Streuobstwiesen und all den anderen Aktivitäten, die sich genaugenommen gegen den Lauf der Natur richten, eine so hohe Bedeutung im Natur- und Landschaftsschutz zu.

Da ist es kein Wunder, wenn das »Prinzip Verhinderung« in der öffentlichen Wahrnehmung immer stärker mit dem Naturschutz verbunden wird. Das bekannte (gerade noch) Vorhandene soll möglichst unverändert bleiben. Höchstens da und dort, etwa wo sich schon Schäden zeigen, darf repariert werden. Die Frage, was besser oder schlechter ist oder was dem Lauf der Natur entspricht oder nicht, wird erst gar nicht gestellt. Solche Fragen könnten das klare Bezugssystem verunsichern, die Positionen verschwimmen lassen und damit die Durchsetzungskraft schwächen. Sosehr dies auch im Hinblick auf das administrative Vorgehen, die Gesetzgebung und die politischen Aktivitäten der Naturschutzverbände verständlich ist, so wenig entspricht die Haltung den Gegebenheiten in der Natur – sofern es eine solche Bezugsbasis »Natur« überhaupt gibt. Sie wird gleichsam personifiziert, wenn Naturschützer gegen den Bau einer Straße protestieren. Dann geht es jedoch nur in einer sehr geringen Zahl konkreter Fälle tatsächlich um den Schutz freilebender Tiere und wildwachsender Pflanzen oder um die Bewahrung eines besonderen Biotops.

Meistens steht eben etwas ganz anderes im Hintergrund, nämlich die Ablehnung einer plötzlich drohenden Veränderung des (Landschafts-)Bildes. Gleichgültig, ob es vorher als besonders schön wahrgenommen worden war oder nicht, dient das

Ausgangsbild nun als Bemessungsgrundlage für das Ausmaß der Veränderung. So verständlich insbesondere bei schönen Landschaften der Widerstand ist, so wenig hat dieser jedoch mit der Natur selbst, mit den Tieren, den Pflanzen und den ökologischen Abläufen, zu tun. Fast immer dient »der Naturschutz« den von der Veränderung betroffenen Anwohnern als argumentative Waffe im Kampf gegen die ungeliebte Baumaßnahme, doch davon mehr im nächsten Abschnitt.

An dieser Stelle möchte ich zunächst noch einige weitere Aspekte des naturschützerischen Widerstandes gegen Veränderungen behandeln. Denn das zugrundeliegende Phänomen ist zu verbreitet und die Thematik im praktizierten Naturschutz zu wichtig, um es einfach als »Prägung«, also als unbewußtes Vorurteil, abtun zu können. Deshalb noch einmal ein kurzer Blick zurück auf dieses allgemeine Phänomen. Man kann die entsprechende Haltung dabei als eine Art »Überlebensprogramm« einstufen. An Orten, an denen Menschen erfolgreich aufwuchsen, sind Leben und Überleben offensichtlich gesichert – zumindest vorerst und gewiß zuverlässiger als an irgendwelchen unbekannten Orten, mögen diese auch noch so vielversprechend erscheinen. Diese Haltung hat sich über Zigtausende von Jahren hinweg bewährt und dabei zu einer Art Matrize verfestigt, in die hinein die Prägung erfolgen kann. Der Altmeister und wesentliche Begründer der Vergleichenden Verhaltensforschung, Konrad Lorenz, erkannte die Bedeutung der Prägung, fiel jedoch gleichsam selbst darauf herein, als er sich im fortgeschrittenen Alter vehement gegen den Bau von Stauseen an der Donau einsetzte. Als Kind und als Jugendlicher hatte er den Auwalddschungel durchstreift und in Seitenarmen gebadet. Als Erwachsener hielt er sich dann für Jahrzehnte fern seiner österreichischen Heimat auf. Als er zurückkam in die »Au«, in

»seine Au«, fand er die Donau nicht mehr in dem vermeintlichen Naturzustand seiner Kindheit und Jugend vor, sie war nun eine regulierte Großwasserstraße mit beschleunigter Strömung. Als schließlich »seine Au« in einen Stausee miteinbezogen werden sollte, bekämpfte Lorenz diese Maßnahme unter Einsatz seines internationalen Renommees als Nobelpreisträger massiv. Wie die Baumaßnahme konkret durchgeführt werden sollte, interessierte ihn überhaupt nicht, er ließ sich gar nicht erst auf irgendein Für und Wider ein. Er wollte gar nicht mit der Möglichkeit konfrontiert werden, daß im Zuge des Ausbaus entlang der Wasserstraße mehr Natur geschaffen werden könnte, als noch vorhanden war, schließlich war die Zeit auch an »seiner Au« nicht vorübergegangen. Sein früherer Schüler Otto Koenig, der sich ungleich ausführlicher als Konrad Lorenz mit Ökologie befaßt hatte, nahm die Herausforderung dagegen an. Mit beachtlichem Erfolg gelang es ihm sicherzustellen, daß die »Natur« in den Baukonzepten berücksichtigt wurde. Man finanzierte ihm schließlich sogar kleine Institute, die die Entwicklung der Auen an der Donau verfolgen und erforschen sollten. Otto Koenig war allerdings von seiner Jugend an weit mehr vom stehenden Wasser des Neusiedler Sees geprägt als von der fließenden Donau. Zwei hochqualifizierte Wissenschaftler mit internationalem Ansehen beurteilten ein und dasselbe Problem also vollkommen unterschiedlich.

Vergleichbare Fälle gibt es viele, doch wenige Beispiele zeigen so anschaulich, wie groß der Einfluß eines über Prägung vermittelten Standpunkts auf die Einschätzung eines bestimmten Projekts sein kann. Ein beträchtlicher Teil unserer Urteile entspringt eben Vorurteilen. Emotional wird jede Veränderung als »schlecht« empfunden. Daher sucht man nach Argumenten dagegen, vor allem nach solchen, die von der eigenen Voreingenommenheit ablenken. Das geschieht oft unbewußt. Die Diskussionen unter den verschiedenen Vertretern bestimmter Interessen(gruppen) zeigen jedoch, wie unterschiedlich ein und dasselbe Problem gesehen und bewertet werden kann. Unter den zahllosen Projekten, zu denen der staatliche und der private Naturschutz offiziell Stellung genommen haben, sind ökologisch-objektive Beurteilungen kaum zu finden. Das ist alles andere als verwunderlich, denn solche lassen sich zumeist ohne langfristige, aufwendige Untersuchungen gar nicht beibringen. Man kann die entsprechenden Maßnahmen also oft gar nicht objektiv beurteilen, weil es für Naturvorgänge eben keine »Festlegungen« gibt. Die eingenommenen Positionen beruhen entweder auf der Ablehnung durch örtliche Bürger und ihre Initiativen, bei denen der Naturschutz bereitwillig mitmacht, oder sie beziehen sich, wie im amtlichen Naturschutz üblich, auf die formalen Vorgaben der Verordnungen und Gesetze. In beiden Fällen hat das mit Ökologie und mit den Lebensnotwendigkeiten der Tiere, Pflanzen und Biotope fast immer sehr wenig, meistens sogar nichts zu tun.

Die Kennzeichnung als »geschützt« kann daher in aller Regel als Synonym für »Veränderungen verboten« gelten. Gewiß, es gibt Ansätze, diese starre, extrem konservative Haltung zu überwinden. »Prozeßschutz« ist so ein Zauberwort, das jedoch selten bezaubert, sondern meist noch mehr Widerstände gegen den Naturschutz hervorruft. Als beispielsweise die Verwaltung des Nationalparks Bayerischer Wald in den achtziger Jahren beschloß, auf Prozeßschutz zu setzen, das heißt nicht länger in die natürliche Entwicklung des Waldes einzugreifen, stieß dies nicht nur bei den Besitzern der umliegenden Waldgebiete, sondern auch bei manchen Naturschützern auf Widerstand. Schließlich hatte sich im Nationalpark der Borkenkäfer breitgemacht und große Verluste an den Fichtenbeständen verursacht. Konnte, ja »durfte« man dieser Entwicklung einfach zusehen? »Darf« ein Nationalpark zur Brutstätte für einen der bedeutendsten Forstschädlinge werden? Und was war mit all den Baumskeletten, die wie übergroße alte Christbäume ohne Nadeln in den Himmel ragten? Da fühlte sich mancher in der Seele getroffen, weil große Flächen scheinbar toter Wälder nun einmal nicht in das Erwartungsbild eines geschützten Waldes passen wollten, der sich im Rahmen des Prozeßschutzes zu einer Art Urwald entwickeln sollte. Kaum jemand fragte, welche Funktion die Käfer oder die toten Bäume eigentlich für die eigenständige Weiterentwicklung des Waldes und für andere Pflanzen und Tiere haben, ja ob sie möglicherweise sogar Chancen boten. Aussicht auf Besserung nach vielen Jahrzehnten einförmiger Fichtenreinbestände? Auf Vielfalt, wo vorher Monotonie herrschte? Solche Fragen stellten damals wenige. Man hatte vielmehr den Eindruck, als sorgten sich die Menschen allein um den Materialwert der toten Fichten. Doch diesen Verlust sollte das reiche Bayern eigentlich verschmerzen können, schließlich ging es ja um einen Nationalpark und nicht um eine Holzfabrik. Die Parkverwaltung, die nach wie vor am Konzept des Prozeßschutzes festhält, hat auch heute noch einen schweren Stand. So habe man das mit dem Naturschutz nicht gemeint, eine richtige Wildnis soll daraus dann lieber doch nicht werden. Wir leben ja schließlich in einer Kulturlandschaft!

Eine groteske Ausnahme? Keineswegs. Lediglich ein besonders aussagekräftiges Beispiel für die weitverbreiteten Widerstände gegen die Idee, der Natur wirklich freien Lauf zu lassen. Auch andere Parks, die auf diese Strategie setzen, etwa die Nationalparks Vorpommersche Boddenlandschaft oder Kellerwald-Edersee in Hessen, haben vergleichbare Probleme. Gerade durch den

Prozeßschutz ändert sich vieles, und das meist auch noch viel zu schnell. Der ursprüngliche Zustand, der als schützenswert galt, bleibt nicht bestehen; vielmehr ist es oft so, daß die Flächen einfach zuwachsen. Das geht in unserer Gegenwart besonders schnell, weil das ganze Land jahraus, jahrein auf dem Luftweg stark gedüngt wird, mit dreißig bis sechzig Kilo Stickstoff pro Hektar. Das Veränderungsverbot erweist sich daher ausgerechnet in Naturschutzgebieten als eines der größten Hindernisse für ihre Erhaltung in jenem Zustand, der einst als »schutzwürdig« eingestuft wurde. Dafür und nicht für mögliche andere, zukünftige Zustände war ursprünglich die naturschutzrechtliche Begründung erstellt worden.

Weitere Probleme kommen dazu. Selbstverständlich soll in den Schutzgebieten nicht gejagt werden. Zwar gelingt es in den seltensten Fällen, in Naturschutzgebieten auch nur ein partielles Jagdverbot zu erwirken, weil die Widerstände seitens der gut organisierten Jagdverbände politisch oft unüberwindbar sind. Wird die Jagdruhe doch ausnahmsweise durchgesetzt, kann man mit an Sicherheit grenzender Wahrscheinlichkeit davon ausgehen, daß sich alsbald jemand finden wird, der die entsprechenden Gebiete zu Brutstätten irgendwelcher Raubtiere erklärt, die sich dort aus Sicht der Jäger ohne ihre regulierende Kontrolle zu stark vermehren würden. Von Krähen bis zu Wildschweinen fänden die Problemtiere (und so manche unerwünschte Pflanzenart) dort sicheren Unterschlupf. In Diskussionen um die freie Entfaltung von Tieren und Pflanzen in den Städten, wo sie vor Verfolgung sicher sind, hört man übrigens oft ganz ähnliche Argumente. Die Naturschützer geraten hier wie dort in dieselbe Klemme: Einerseits soll das Veränderungs- und Eingriffsverbot aufrechterhalten werden, da sonst die Gefahr bestünde, daß es auch in anderen Bereichen, die Einschränkungen unterliegen, aufgeweicht werden könnte; andererseits kann es nicht in ihrem Interesse sein, die Natur einfach wuchern zu lassen, wenn man dabei das ursprünglich festgelegte Schutzziel aus den Augen verliert. Mit überaus komplizierten Argumentationen und sogenannten »Managementplänen« versuchen die Naturschützer, sich in solchen Situationen aus der argumentativen Schlinge zu ziehen, meist mit geringem Erfolg. Das zeigen nicht nur die länger werdenden Roten Listen der gefährdeten, sondern auch der Schwund der (wirklich bedeutsamen) Biotope. Die Tausende kleiner und kleinster Naturschutzgebiete konnten trotz – oder gerade wegen – der vielen Verbote, mit denen sie belegt (man möchte sagen: belastet) wurden, die Abnahme der Artenvielfalt nicht stoppen oder umkehren. Man braucht offenbar ganz andere Methoden, um diese Ziele zu erreichen. Aufzuzeigen, wie diese Methoden aussehen können, ist die Herausforderung, die ich in den letzten beiden Kapiteln angehen werde.

Instrumentalisierter Naturschutz

Vorerst verharrt der Naturschutz allerdings weitestgehend auf dem Erreichten. Verbote sind nach wie vor zentrale Bestandteile der Bestimmungen zum Artenschutz und der Verordnungen zur Ausweisung von Schutzgebieten. Peinlichst genau, mitunter über viele Seiten hinweg, wird ausgeführt, was alles verboten ist: das Betreten der Fläche insgesamt oder der abseits speziell gekennzeichneter Wege gelegenen Teile, das Lagern und Klettern. Man darf weder Lärm machen oder Tiere und Pflanzen bzw. Bestandteile davon entnehmen noch baden oder die Gewässer mit Booten aller Art befahren und so weiter. Nicht selten steht auf den Schildern mit der Aufschrift »Naturschutzgebiet« der Einfachheit halber gleich »Betreten verboten«. Wer sich jedoch die Mühe macht, die Verordnungen genauer zur studieren, wird fast immer folgenden Satz (wörtlich oder in inhaltlich entsprechend abgewandelter Form) finden: »Diese Verbote gelten unbeschadet der rechtmäßigen Ausübung von Land- und Forstwirtschaft, Jagd und Fischerei.«

Fassungslos müssen Naturfreunde dann mit ansehen, wie mitten in der Brutzeit der Wasservögel die Angler mit ihren Booten die Ufer anfahren, an denen diese Vögel ihre Gelege haben, um dort stundenlang zu angeln. Sie dürfen das, weil sie ausgenommen sind von den Beschränkungen zugunsten der Brutvögel im Schutzgebiet, auch wenn aufgrund ihrer Anwesenheit die Gelege erkalten oder die schlüpfenden Jungen ohne Schutz zugrunde gehen. Naturfreunde werden in der Brutzeit dagegen kaum eine Ausnahmegenehmigung zum Betreten des Vogelschutzgebietes oder gar zum Befahren der Wasserflächen bekommen, wenn sie keinen Angelschein haben. Selbst Wissenschaftler tun sich oft schwer, Genehmigungen für Untersuchungen einzuholen, die speziell dem Schutz der Wasservögel dienen. Die Mitgliedschaft im lokalen Angelsportverein löst dieses Problem meist elegant und unbürokratisch.

Wie nicht anders zu erwarten, gilt das auch für die Energieversorgungsunternehmen, das Militär und andere öffentliche Organisationen. Im Endeffekt finden sich allein die Naturfreunde ausgesperrt. Alle »Nutzer« sind privilegiert; sie können so weitermachen wie vor der Inschutznahme, müssen allenfalls kleinere Einschränkungen akzeptieren. Aber in der Regel dürfen sie die für die Allgemeinheit gesperrten Wege mit ihren Autos befahren, als ob es sich beim Sportangeln um einer der landwirtschaftlichen Bodennutzung gleichwertige Tätigkeit handeln würde. Das Fahrverbot gilt somit nur für die Naturfreunde, denn sie können, abgesehen von ihrem Interesse an der Natur, keine Nutzungsrechte geltend machen.

Auf ähnliche Widersprüche stößt man in den meisten Bereichen des Artenschutzes. Landwirte dürfen ganz selbstverständlich ihre Wiesen mähen und Heu machen, selbst wenn dort viele geschützte Pflanzen leben. Sollte nun aber ein Naturfreund ein abgemähtes Exemplar einer geschützten Orchideenart finden, die das Vieh ohnehin verschmäht, weil sie giftig ist, muß er sie liegenlassen. Auch der Waldbesitzer kann seinen Forst nutzen und verändern, obgleich das die Vorkommen bestimmter Frühlingsblumen stark beeinträchtigt. Die Jäger dürfen (sogar mit jagdzeitgleichen Ausnahmeregelungen vom EU-Singvogelschutz) massenhaft Krähen, Elstern und Eichelhäher abschießen. Dem Naturfreund hingegen sind Aufzucht und Haltung dieser Vögel verboten, sofern er keine spezielle Einzelfallsondergenehmigung vorweisen kann. Jugendliche werden eine solche kaum bekommen, Erwachsene auch nicht ohne größere Anstrengungen, und auch dann nur mit allen (un)möglichen Auflagen. Tabu bleiben die geschützten Arten auch dann noch, wenn es nur darum geht, tote Individuen aufzusammeln, um sie etwa für eine Schule präparieren zu lassen oder sie einem staatlichen Museum zu übergeben. Strenggenommen darf man heute nicht einmal mehr eine Vogelfedersammlung anlegen, weil auch Federn als Teile der geschützten Arten unter Schutz stehen.

Einschränkungen und Verbote richten sich am Ende also hauptsächlich gegen die Naturfreunde. Dieser Befund ist schon für sich genommen merkwürdig genug, denn die Ministerien in unserem Staatswesen wirken ansonsten doch in erster Linie zugunsten der im entsprechenden Bereich tätigen Menschen, die sie fördern und möglichst wenig einschränken wollen. Mir geht es an dieser Stelle gar nicht um Einschränkungen, die im öffentlichen Interesse notwendig sind. Diese verstehen sich entweder von selbst, oder sie werden hinreichend zuverlässig auf ihre Wirksamkeit überprüft. Eine entsprechende Überprüfung des »Verbotsnaturschutzes« steht jedoch aus. Wie schon mehrfach betont, ist für die weitaus meisten geschützten Arten keineswegs nachgewiesen, daß ihnen die Schutzbestimmungen tatsächlich zugute gekommen sind. Auf die wenigen Ausnahmen (ehedem bejagte Arten sowie Arten, die stark unter Formen der Umweltverschmutzung litten, die mittlerweile aufgrund des Drucks der Naturschützer reduziert werden konnten) habe ich bereits hingewiesen. Die Maßnahmen zur Verbesserung der Umweltqualität und die Verminderung des Gifteinsatzes haben sich also durchaus gelohnt.

In diesem Bereich wurden die echten Erfolge des Artenschutzes erzielt. Das zähe Ringen mit der Jagd, etwa beim Schutz der Greif- und der meisten Wasservögel, trägt Früchte. Und so banal es klingen mag: Da es sich hierbei um vergleichsweise große, eindrucksvolle Tierarten handelt, sind diese Erfolge öffentlich auch weithin sichtbar. Fünfzig, ja vielleicht gegen hundert Arten von Vögeln und größeren Säugetieren profitierten vom Artenschutz. Doch ihre Anzahl nimmt sich geringfügig aus im Vergleich zu all jenen formal geschützten Arten, für die der Schutz unmittelbar nichts bewirkt hat.

Man kann diesen Befund am Beispiel des Biotopschutzes noch besser veranschaulichen: Am meisten erreicht wurde in diesem Bereich in bezug auf die Feuchtgebiete. Sie stellen, je nach Region, einen mehr oder weniger großen Anteil der geschützten Biotope dar. Es wurden zahlreiche neue Gewässer angelegt, von kleinen Gartenteichen über Stauseen bis zu Hochwasserrückhaltebecken, vor allem ist es jedoch gelungen, die jahrzehntelang betriebene Trockenlegung von Feuchtwiesen und Mooren mit beträchtlichem Erfolg zu unterbinden. Bei kritischer Betrachtung zeigt sich jedoch, daß die Einsicht in die Notwendigkeiten des Naturschutzes hier oft gar nicht ausschlaggebend war. Das zeigt etwa der Umstand, daß man es nach wie vor nicht geschafft hat, Deiche zu verlagern und Flutpolder zu errichten, um damit die Gefahr von Hochwässern zu reduzieren. Die Bedürfnisse an Flüssen gelegener Großstädte haben kaum eine Chance, angemessen berücksichtigt zu werden, wenn flußaufwärts die Einzelinteressen weniger Landwirte dagegenstehen.

Im landwirtschaftlichen Wasserbau lohnt es seit Jahrzehnten nicht mehr, angesichts der anhaltenden Überproduktion weitere öffentliche Mittel in die Drainage von Feuchtgebieten zu stecken. Was früher mit Einsatz riesiger Geldmengen verbaut worden war, soll nun, wiederum mit hohem Mittelaufwand, »zurückgebaut« werden. Man hat dafür die Rahmenbedingungen für den Wasserbau geändert. Es ist heute möglich, im Zuge von Baumaßnahmen neue Biotope zu schaffen. Nicht selten werden allerdings ausgerechnet solche Maßnahmen in Naturschutzkreisen abqualifiziert, weil sie als schwerer Eingriff in den Naturhaushalt gelten. So erhoben manche Naturschützer den Vorwurf, man wolle mit den »Biotöpchen« lediglich kaschieren, was eigentlich angerichtet wurde, weil sie die Ausgleichsmaßnahmen nur als Alibi für die aus ihrer Sicht nicht hinnehmbaren Eingriffe in die Natur betrachten. Die Verfechter pragmatischer Vorgehensweise setzten sich zwar durch, was ihnen aber keineswegs auch eine entsprechende Wertschätzung eingetragen hat. Daß extrem ablehnende Haltungen heute als weitgehend – wenngleich noch längst nicht vollständig – überwunden gelten dürfen, stellt gewiß einen ganz wichtigen Fortschritt dar. Gerade für den Wasserbau als einem der wirkungsvollsten Verbündeten des Naturschutzes sind mit dem »Rückbau« neue Zeiten angebrochen.

»Warum treibt man dann eigentlich soviel Aufwand mit Arten- und Biotopschutz?« muß der unbefangene Betrachter da fragen. Wer die Praxis des Naturschutzes kennt, wird betonen, daß es sich bei den oben angeführten Aspekten doch gar nicht um seine Hauptanliegen handelt. Die Betroffenheit der Naturfreunde sei nicht wirklich das Problem, auch wenn sie sich als Hauptbetroffene der Einschränkungen und der Niederlagen empfinden müssen. Tatsächlich geht es bei den entsprechenden Maßnahmen oft nur vordergründig um die Natur. Häufig werden Naturschutzargumente in solchen Fällen von Bürgerinitiativen instrumentalisiert, um bestimmte Baumaßnahmen zu verhindern oder zumindest zu verändern. Das hat unter anderem den Vorteil, daß ökologische Einwände, sobald sie einmal in bürokratische Verfahren eingeschleust wurden, auch dann noch eine blockierende Wirkung entfalten, wenn das Engagement der Bürgerinitiativen längst abgeflaut ist. Werden die Maßnahmen dennoch genehmigt, sind sie meist mit hohen »Ausgleichsforderungen« verbunden. Einige Fälle mit einem besonders großen finanziellen Volumen gingen in den letzten Jahren durch die Presse, etwa die enorm teure Abdämmung der ICE-Strecke von Hannover nach Berlin, mit der ein Restvorkommen der Großtrappe geschützt werden sollte – mit mehr als fraglichen Erfolgsaussichten allerdings. Denn die eigentliche Bedrohung für die Trappen ist nicht der ICE, sondern die moderne Landwirtschaft. Ob die Abdämmung da viel ausrichten kann, bleibt abzuwarten. Doch was passiert, wenn die Abdämmung keinen Erfolg hat? Werden die Kosten dann der Deutschen Bahn rückerstattet? Die sehr seltene Großtrappe verdient gewiß mehr Beachtung als die allermeisten Arten auf unseren Roten Listen. Es wäre jedoch unter Umständen wirkungsvoller gewesen, das viele Geld in eines der beiden noch erhaltenen Kerngebiete des Vorkommens der Großtrappen in Südspanien und Ostungarn zu investieren; Regionen, in denen in der Regel keine Geldmittel in Millionenhöhe zur Verfügung stehen, wo die Erfolgsaussichten aber ungleich besser sind.

Ein anderes, ebenfalls sehr nachdenklich stimmendes Beispiel betrifft den neuen Münchener Großflughafen im Erdinger Moos. Vor seinem Bau wurde in den achtziger Jahren intensiv untersucht, welche geschützten Arten und Biotope es auf dem dafür vorgesehenen Gelände und in dessen Umgebung gibt. Man wollte dokumentieren, was möglicherweise durch den Flughafenbau vernichtet würde. Die Kraut- und Rübenäcker sowie die Maisfelder gaben allerdings nicht sehr viel her an besonderen Biotopen. Ergiebiger waren die Bestände an »Rote Liste«-Arten auf den umliegenden feuchten Wiesen. Im Sinne des Naturschutzes Unersetzliches stand jedoch auch hier nicht auf dem Spiel. Die Flughafengesellschaft mußte angesichts der Größe des Flughafengeländes über 350 Hektar landschaftspflegerische Begleitmaßnahmen in der Umgebung des Flughafens erbringen. »Bei einem derart großen Eingriff in den Naturhaushalt ist das ja auch selbstverständlich«, so die dazu wohl weitgehend einhellige Meinung der Naturschützer. Wenn es nach den Anwohnern gegangen wäre, hätte der neue Großflughafen noch viel teurer werden sollen. Ihre Haltung ist nachvollziehbar. Sie hatten den Kampf gegen den Flughafen trotz des massiven Einsatzes der »Waffe Naturschutz« verloren. Der Flughafen wuchs schließlich so rasch, wie manche Gegner befürchtet hatten, und erreichte schon nach gut einem Jahrzehnt die Grenze der genehmigten Kapazität, so daß die ursprünglich vorgesehene, verwaltungsgerichtlich jedoch abgelehnte dritte Start- und Landebahn fällig wurde. Der Münchner Flughafen ist gegenwärtig (Stand 2008) der siebtgrößte in Europa. Er hat aber nicht allein auf Fluggeräte eine besondere Anziehungskraft entfaltet.

Bereits wenige Jahre nach Inbetriebnahme des Flughafens geschah etwas, was die Naturschützer mitsamt ihren Einwänden in arge Bedrängnis bringt. Auf dem Gelände siedelten sich nämlich in beträchtlichen Mengen besonders geschützte Arten an. Das größte Brutvorkommen des in Bayern vom Aussterben bedrohten Großen Brachvogels befindet sich heute ausgerechnet unmittelbar neben den Start- und Landebahnen. Im derzeit noch aktuellsten Buch über die Brutvögel Bayerns aus dem Jahr 2005 fehlt allerdings der Hinweis auf dieses Vorkommen, während unter der Rubrik »Gefährdung und Schutz« nach wie vor steht: »Viele Wiesenbrütergebiete sind durch Infrastrukturmaßnahmen (Flughäfen, Autobahnen, Gewerbegebiete) bedroht.« Auch eines der größten Vorkommen der in ihren Beständen katastrophal rückläufigen Feldlerche entwickelte sich auf dem Münchner Flughafengelände. Wo die Düsenjets im Minutentakt starten und landen, fanden sie Zuflucht. Nirgendwo im ganzen Land gibt es gegenwärtig so viele Feldlerchen auf einer entsprechend großen Fläche: über 200 Brutpaare. Weitere geschützte Arten kamen dazu. Auch viele andere Vögel, die auf dem Flughafengelände nicht brüten, suchen dieses regelmäßig auf. Würde eine – und so etwas müßte eigentlich Standard sein – nachfolgende Bilanzierung vorgenommen, so würde diese ergeben: Das Flughafengelände stellt einen großen Gewinn für den Artenschutz dar. Es beherbergt weit mehr geschützte Arten in viel größeren Beständen, als vorher vorhanden waren, und es ist als perfekt abgesperrtes Gebiet vor Störungen weit besser geschützt als jedes Naturschutzgebiet. Um die silbernen Riesenvögel kümmern sich die lebendigen Vögel dabei nicht. Sie kennen das Verhalten der Flugzeuge und richten ihr eigenes danach aus.

Da kann es durchaus vorkommen, daß nach einem Platzregen im Mai die kleinen Brachvögel und Kiebitze an den Rand der Startbahn marschieren, um sich von der Sonne abtrocknen zu lassen, während die Flügel der zum Start bereiten Flugzeuge wie Wolkenschatten über sie hinweggleiten. Tatsächlich erfüllt das Gelände heute die Anforderungen der europäischen Richtlinien für Vogelschutzgebiete. Die geplante Erweiterung um etwa 1500 Hektar würde diese Qualifizierung demnach nur unterstreichen.

Die Naturschützer müßten nun eigentlich klein beigeben und eingestehen, daß ihre Argumente gegen den Flughafenbau unzutreffend waren. Allerdings hat die in bezug auf den Artenschutz so positive Entwicklung des Airports nicht zur Folge, daß die nun notwendige dritte Start- und Landebahn besser behandelt wird als die ersten beiden, im Gegenteil: Es ist anzunehmen, daß die neuen »Ausgleichsforderungen« noch wesentlich höher ausfallen werden. Die Leistungen des Flughafens beim Schutz von Brachvogel & Co werden dagegen wohl kaum aufgerechnet werden. Sonst wären schließlich am Ende gar Rückzahlungen fällig. Doch solange weiterhin völlig einseitige Bewertungsmaßstäbe herangezogen werden, besteht kaum eine Aussicht auf faire Bilanzierung. Bewertungen, die davon ausgehen, daß jeder »Eingriff« automatisch »schlecht« ist und deshalb ausgeglichen werden muß, sind einseitig und, auf die Natur bezogen, nicht gerechtfertigt. Es kann hier allerdings nicht auf die Details eingegangen werden, da es sich bei diesem Buch nicht um ein Handbuch für den Naturschutz handelt. Entscheidend ist, von welchem Prinzip man ausgeht. Würden alle Veränderungen gleich behandelt, müßten nicht nur die Träger privater Baumaßnahmen, sondern auch staatliche Eingriffe und die Aktivitäten der Landwirtschaft ausgeglichen werden – dann wäre die Kritik des »Ausgleichsprinzips« unangebracht. So aber trifft die Ausgleichsverpflichtung nur einen Teilbereich, dem kein hinreichend bedeutsamer Anteil am Rückgang der Biodiversität und an der Vernichtung artenreicher Biotope oder eine nachhaltige Veränderung des Naturhaushaltes angelastet werden kann.

Daß es so gekommen ist, liegt allerdings nicht allein an den konservativen Einstellungen der Naturschützer. Diese fanden nämlich bald Verbündete ganz anderer Art in der Bevölkerung, die in ihrem Umfeld und auf sich bezogen keine Veränderungen haben und hinnehmen wollte. Die Strategie, möglichst hohe Ausgleichsleistungen herauszuschlagen, ergab sich dann zwangsläufig. Der zivilgesellschaftliche wie auch der staatliche Naturschutz waren und sind mit finanziellen Mitteln völlig unzureichend ausgestattet. Die Eingriff-Ausgleichsregelung brachte dem staatlichen Naturschutz eine Art Steuer ein, die als solche nicht in Erscheinung tritt. Sie trifft vornehmlich Akteure, die über entsprechende Finanzmittel verfügen, weil sie die betreffenden Baumaßnahmen durchführen wollen. Die Landwirte, mit weitem Abstand die Hauptverursacher des Artenrückgangs, der Naturbelastung und der Biotopverluste, bleiben von den Kosten der Regelung verschont, da sie vom Verursacherprinzip und von der Verpflichtung, Eingriffe auszugleichen, ausgenommen wurden. Daher entfalteten die Bestimmungen zum Arten- und Biotopschutz in der Fläche so wenig Wirkung. Die gesetzlichen Regelungen zum Ausgleich von Eingriffen haben der Natur in diesem Sinne gar nichts gebracht, sie wurden jedoch auf ganz andere Weise für den notorisch klammen Naturschutz bedeutungsvoll. Zu hinterfragen, was diese Sondersteuer wirklich bewirkt, oder sie gar auf den Prüfstand zu stellen hätte möglicherweise fatale Folgen – für den Naturschutz als

System, nicht für die Natur, die geschützt und gefördert werden soll.

Auch wenn die Naturschützer nicht gewillt sein mögen, die Kosten und die Nutzen ihrer Maßnahmen zu bilanzieren, ändert das nichts daran, daß solche Bilanzen in der Natur selbst eine unerbittliche Härte aufweisen. Es geht dort um das reale Verhältnis zwischen den Verlusten und den Gewinnen an Arten. Ein Großbaggersee, der in Zusammenhang mit dem Bau eines Autobahnstücks oder einer anderen Großbaumaßnahme entsteht, ist als neues Naherholungsgebiet am Stadtrand sicher begrüßenswert, zumal damit der Druck der vielen Erholungssuchenden an anderen Gewässern nachläßt. Wird dann aber als Ausgleich für den großen Eingriff, den auch so ein See formal darstellt, am Rande dieses neuen Gewässers ein größeres Gebüsch mit hohen Zäunen umgeben sowie mit einem Schild mit der Aufschrift »Biotop – Betreten verboten« ausgestattet, stellt dies sicherlich keine Maßnahme dar, die irgendeinen Nutzen für die Natur hätte. Wenn die Badegäste nun ausgerechnet vom einzigen nicht künstlich angelegten Uferabschnitt ausgesperrt werden, so läßt dies in der Bevölkerung genausowenig Begeisterung für den Naturschutz aufkommen wie die falschen Vorher-nachher-Bilanzen, von denen oben die Rede war. Mehr noch: So wird Ablehnung geradezu provoziert. Diese Form des Naturschutzes richtet sich schließlich in erster Linie gegen die Menschen, ohne daß seine Leistungen für die Natur das rechtfertigen würden. Man kann die Frage nicht oft genug stellen: Wo bleiben denn die großartigen Erfolgsmeldungen? Nach drei oder vier Jahrzehnten müßte diese Art des Naturschutzes doch längst eine Trendumkehr bewirkt haben? Angesichts dieser Situation muß man sich als Naturschützer wirklich fragen, worauf wir eigentlich noch hoffen können und sollen. Vielleicht auf einen Neuanfang, bei dem es endlich darum geht, zu verstehen, daß der Naturschutz für den Menschen da sein soll und sich nicht gegen ihn richten darf. Ein solcher Neuanfang ist jedenfalls überfällig.

4 Natur für Menschen

Naturhaushalt

Wie kam es zu diesen besorgniserregenden Entwicklungen? Schließlich hat der Naturschutz vor hundert Jahren ganz anders begonnen. Daß man die schönen Alpenblumen, die Orchideen und Lilien nicht abrupfen soll, daß die Singvögel, da sie nützlich sind, schutzbedürftig waren und seltene Arten nicht endgültig verschwinden sollten, leuchtete Ende des 19./Anfang des 20. Jahrhunderts unmittelbar allen ein. Das war noch kein »Verhinderungsnaturschutz«, im Gegenteil: Er wurde aktiv betrieben. Man hängte Nistkästen auf und schuf andere Nistmöglichkeiten, führte die Winterfütterung ein und warb mit der Schönheit der Blumen für ihren Schutz. Für »die Natur draußen« setzte man das freie Betretungsrecht der Wälder durch; der Zugang zu den Ufern der Gewässer, die nun nicht (mehr) durch Zäune abgesperrt werden durften, wurde ermöglicht, und auch die Flur wurde in die Sozialpflichtigkeit des Eigentums miteinbezogen. Es galt lediglich, vermeidbare Schäden zu verhindern. Sperrgebiete waren damals ausschließlich die militärischen Übungsflächen, ansonsten sollte die Natur für die Menschen offen sein. Wer Beeren und Pilze sammeln wollte, brauchte dafür keine Genehmigung, Lagern und Picknicken im Wald waren selbstverständlich erlaubt. Daß man dabei kein Feuer machen durfte, verstand sich von selbst. Im Vergleich zu den neuen Möglichkeiten, die Natur zu genießen, nahmen sich die Einschränkungen geringfügig aus. Und in den großen, noch aus der Zeit vor dem Zweiten Weltkrieg stammenden Naturschutzgebieten in den Alpen konnte man nach wie vor wandern, klettern, lagern und

Wintersport treiben. Es gab einfach keine nachvollziehbaren Gründe, all das zu verbieten.

»Das war eben noch die Zeit der Fülle«, sagten dann später manche Naturschützer, als aus ihrer Sicht die drastischen Einschränkungen nötig wurden. Der Mensch habe sich eben zum »Störenfried« entwickelt, lautete die Begründung. Warum er zuvor nicht gestört haben sollte, blieb offen. Meist argumentierten die Naturschützer mit der »Masse« an Touristen, die sich nun in die Wälder und auf die Berge ergoß. Es waren offensichtlich zwei ganz unterschiedliche Denkweisen, die Natur für den Menschen zu erhalten und die Menschen davon fernzuhalten. Vor allem ab den siebziger Jahren setzte in Naturschutzkreisen ein tiefgreifendes Umdenken ein. Die Natur wurde nun wie eine Person behandelt. Sie wurde zu jener »Mutter Natur«, die man aus alten Zeiten kannte und nach der uralten Erdmutter in »Gaia« umbenannte. Diese Mutter Natur wurde nun in der Ausdrucksweise der Naturschützer geschändet, belastet, vergiftet. Sie drohte zusammenzubrechen. Vieles davon war zwar im einzelnen zutreffend, der wesentliche Punkt allerdings nicht: Die Natur ist keine Person, die man den Menschen gegenüberstellen könnte. Gewiß, in der Zeit des Wirtschaftswunders nach dem Zweiten Weltkrieg war es nicht gut um die Natur bestellt. Es trieben Schaumberge auf den Flüssen, als ob es im Sommer Eis gegeben hätte. Ihr Wasser stank wie das in Kloaken. Die Fische starben zuhauf. Viele Vögel auch, weil sie oder ihre Nahrung vergiftet wurden. Die Luft hatte sich zwar im Vergleich zu den Verhältnissen des 19. Jahrhunderts, als die Schlote rauchten und ganze Landstriche verrußt waren, teilweise gebessert, aber der rasch zunehmende Kraftfahrzeugverkehr erzeugte neue Belastungen. Gegenmaßnahmen wurden unumgänglich. In dieser Zeit formierte sich nun ein ganz neuer Bereich des gesellschaftlichen und politischen Handelns, der Umweltschutz. Sogar neue Ministerien wurden dafür eingerichtet.

Der Naturschutz kam administrativ als eine Art Anhängsel zum Umweltschutz hinzu. Tiere und Pflanzen galten nun plötzlich als »Bioindikatoren«, als »Anzeiger« für Umweltveränderungen. Viele Naturfreunde mißtrauten freilich den Messungen mit technischen Geräten, weil diese jeweils nur einen Faktor erfaßten, nicht aber die komplexen Wirkungen der Gifte, denen die Vögel oder die Flechten in der Natur tatsächlich ausgesetzt waren. Sie schwanden und verschwanden allmählich. Sie kehrten erst wieder, als sich die Verhältnisse dank der Umweltschutzmaßnahmen gebessert hatten. Was den Vögeln und Flechten sichtlich zugute kam, mußte auch für uns Menschen gut sein, wir wollten schließlich eine gesunde Umwelt. Dieses Ziel anzustreben war und ist legitim und notwendig.

Seit dieser Zeit wurden gigantische Summen investiert, um die Umweltbedingungen zu Lande, im Wasser und in der Luft zu verbessern. Der Himmel wurde blauer, auch über dem mehr als zwei Jahrhunderte lang verqualmten Ruhrgebiet, das Wasser wurde reiner – und die Angst größer. Die Angst vor den ppm- und ppb-Werten, die mit immer feineren technischen Methoden immer genauer gemessen werden konnten. Als »Teile pro Million« (ppm) oder »parts per billion« (ppb) verunsichern diese Zahlen besorgte Menschen, weil ihnen die in Wirklichkeit winzig kleinen Zahlen mit den vielen Nullen hinter dem Komma so groß erscheinen (Million / Billion!). Die Diskussionen um solche Werte lösten übrigens den bis in die Gegenwart anhaltenden Trend zu Bioprodukten aus, die unter Verzicht auf chemische Hilfsstoffe erzeugt werden. Sie vermitteln den Eindruck, (viel) gesünder zu sein, weil sie nicht mit Angaben zum Gehalt an chemischen oder durch Naturvorgänge entstandenen giftigen (Rest-)Stoffen versehen sind. Daß Nahrung auch auf natürliche Weise verdorben sein kann, interessiert niemand, solange sie »bio« ist. Das soll nun keineswegs bedeuten, daß die Verminderung des Einsatzes von Gift bei der Erzeugung von Nahrungsmitteln nicht richtig gewesen wäre. Doch auch in diesem Bereich erweist sich ein Zuviel des Guten unter Umständen als kontraproduktiv; es kann sich rasch zum Schlechten wenden. Unsere Nahrungsmittel sind nach wie vor Belastungen mit Schadstoffen ausgesetzt, da heute anders gespritzt wird und zudem das ganze Land auf dem Luftweg Schadstoffe abbekommt, gegen die auch Biobauern ihre Felder nicht schützen können. Das bereits angesprochene Übermaß an Stickstoffverbindungen muß hier ebenso genannt werden wie Rückstände aus den Emissionen von Transport und Verkehr und vieles andere mehr. Die horrenden, nach wie vor steigenden Wasserrechnungen für die Privathaushalte sind dafür ein anschaulicher Beleg: Ein halbes Jahrhundert Umweltschutz und die vielen Milliarden, die in die Sanierung der Belastungsquellen investiert wurden, haben nicht dazu geführt, daß wir einfach aus der nächsten verfügbaren Quelle trinken können. Vielmehr muß Trinkwasser nach wie vor über große Distanzen zu den Menschen transportiert werden.

Die Hauptbelastungsquelle, die Landwirtschaft, wurde bekanntlich von beinahe allen Einschränkungen, die zur Sanierung der Umwelt verhängt wurden, ausgenommen. So bringen die Landwirte heute beispielsweise Jahre nach dem Inkrafttreten einschneidender Umweltschutzbestimmungen sogar zunehmend mehr Gülle aus. Sie fahren auf immer größeren Maschinen und setzen in der Produktion immer umfassender Fremdstoffe ein, ohne als Verursacher für die damit verbundenen Umweltbelastungen zur Rechenschaft gezogen zu werden. Sie dürfen im Außenbereich von Dörfern bauen und erhalten sogar staatliche

Fördermittel, wenn es darum geht, den Gestank der Massenschweineställe aus den Siedlungen zu verbannen. Der weitaus größte Teil des Straßennetzes auf dem Land wurde für den Verkehr gesperrt und für die Bauern reserviert. Die Abwässer aus der Landwirtschaft überdüngen auch weiter Nord- und Ostsee sowie die Binnengewässer.

Dieser kurze, sehr plakative Exkurs zur Landwirtschaft ist notwendig, um nachvollziehen zu können, was es mit dem »Naturhaushalt« und den »Eingriffen« in diesen tatsächlich auf sich hat. Denn unter dem Einfluß des neuen Umweltschutzes fingen die Naturschützer an, ihr altes Wirkungsspektrum ganz erheblich auszuweiten und neue Schwerpunkte zu setzen. Bald standen nicht mehr die Adler und das Edelweiß, das Blaukehlchen, der Schwalbenschwanz und die wenigen anderen, auf schönen Bildtafeln dargestellten »geschützten Arten« im Vordergrund, sondern die vom Menschen ausgehenden Belastungen für die Natur insgesamt.

Der zentrale Begriff an dieser Stelle ist der bereits mehrfach angesprochene »Naturhaushalt«. Jede Veränderung geht hier in der neuen Sprachregelung auf einen »Eingriff« zurück, aus dem Ausmaß der Veränderung des gerade noch aktuellen Zustandes ergeben sich die Schwere des Eingriffs und das Maß für den Ausgleich. Jede »Störung« wird auf diese Weise, zumindest gefühlsmäßig, faßbar. Die Rede vom »Naturzustand« und den »Eingriffen« läßt sich sogar auf natürliche Abläufen anwenden: Aus Hochwässern werden natürliche Störungen, die vorübergehen; das Ableiten von Wasser aus einem Fluß gilt hingegen als Eingriff, weil es von Menschenhand bewerkstelligt wurde und bestehenbleibt. Auch die neue Straße soll noch in fünfzig oder hundert Jahren befahrbar sein, was ihren Bau zu einem besonders schwerwiegenden Eingriff macht, und bei einer Autobahn fällt dieser offensichtlich ungleich massiver aus als bei einem Radweg. Auch von den Radfahrern können zwar Störungen ausgehen, etwa für das Wild, das über ihren Weg wechseln möchte, doch die Autobahn stellt ein nahezu unüberwindliches Hindernis für alle nicht flugfähigen Tiere dar. Und selbst wer fliegen kann, kommt noch keineswegs sicher darüber hinweg. Das zeigen die vielen Vögel, die dem Verkehr zum Opfer fallen.

Baustellen oder Unfälle lassen den Verkehrsfluß auf der Autobahn zum Stocken kommen, sie erzeugen einen langen Rückstau. Dasselbe gilt, um im Bild zu bleiben, für die Errichtung von Staustufen, die das Fließen des Wassers behindern. Die Bilder, und das ist bezeichnend, lassen sich mühelos von einem Kontext in den anderen übertragen. Das Konzept des Naturhaushaltes enthält so den Charme der Selbstverständlichkeit, es bedarf auf den ersten Blick keiner näheren Erläuterungen. Die Konsequenzen sind sofort allen Beobachtern klar: Wenn irgendwo eingegriffen wird, müssen die Folgen ausgeglichen werden. Wenn dies an Ort und Stelle nicht möglich ist, eben woanders. Naturverluste hier lassen sich mit Naturgewinnen dort verrechnen. Wenigstens innerhalb der zugehörigen Verwaltungseinheiten soll die Bilanz ausgeglichen sein.

Daß das Konzept »Naturhaushalt« ein höchst wirkungsvolles Instrument für den Naturschutz darstellt, hat sich in der Praxis gezeigt. Wo auf ihn verwiesen wird, geht es offensichtlich ums Ganze, nicht um ein einzelnes Blümchen oder einen zarten Schmetterling, die verschwinden werden, oder um das Lied eines Vogels, das an dieser Stelle verstummen muß, weil etwas gebaut wird. Nicht nostalgische Gefühle bäumen sich gegen die Veränderung auf, die Naturschützer bringen harte Tatsachen vor und setzen auf das volle Gewicht des Arguments vom Naturhaushalt, der Schaden nehmen könnte.

Als die »Eingriffsregelung« gesetzlich erst einmal festgeschrieben und in der Praxis erprobt worden war, blieben die Erfolge des staatlichen Naturschutzes nicht aus, was wiederum die privat organisierten Naturschützer zufriedenstellte. Heute bedienen sich auch Verwaltungsgerichte dieses Instruments. Man könnte die Durchsetzung dieser Regelung also für einen Triumph des Naturschutzes halten. Tatsächlich handelt es sich jedoch um einen Pyrrhus-Sieg. Denn beim »Naturhaushalt« handelt es sich um eine hohle Phrase, das Konzept zeigt längst erste Risse. Das beginnt schon damit, daß heute immer häufiger hinterfragt wird, ob es sinnvoll ist, den Zustand vor einem Eingriff zum besten oder einzig möglichen zu stilisieren. Man kann einen solchen Zustand nicht einfach festlegen wie einen bestimmten Grundwasserstand. Wie lange das Konzept »Naturzustand« sich trotz allem eine gewisse Plausibilität bewahren kann, läßt sich nicht sagen. Geholfen hat es dem Naturschutz und seinem Ansehen gewiß nicht, auch wenn da und dort echte Erfolge zu verzeichnen sind. Doch die öffentliche Akzeptanz ist stark zurückgegangen. Zu unverständlich sind für viele die Einschränkungen, vor allem aber die regelmäßig verursachten Zeitverzögerungen. Immer mehr Leute verstehen, daß es »den Naturhaushalt« gar nicht gibt. Er stellt eine Fiktion dar, ein Wunschbild. Die Wirklichkeit sieht anders aus. Versuchen wir, uns dieser Diskrepanz in zwei Schritten zu nähern. Beim ersten geht es um den Vergleich der Verhältnisse vor und nach dem Eingriff in den Naturhaushalt. Im zweiten möchte ich erklären, was es mit diesem Naturhaushalt eigentlich auf sich hat.

Die oben angeführten Beispiele für Eingriffe in den Naturhaushalt betrafen Baumaßnahmen wie Straßen, Flugplätze, aber auch Industriegebiete und Wohnsiedlungen sowie den Verbau von Flüssen. Das »Bauen« ist hier das gemeinsame und bezeichnende Element, auf das es mir ankommt. Wer baut, greift ein. Das gilt nur nicht für den, der Acker-Bau betreibt, die Landwirtschaft blieb schließlich, darauf habe ich schon mehrfach hingewiesen, von Anfang an von den entsprechenden Regelungen ausgenommen. Die Formulierung im Bundesnaturschutzgesetz lautete, Landwirtschaft stelle keinen Eingriff in Natur und Landschaft und damit in den Naturhaushalt dar. In der politischen Diskussion konnten sich damals weder ökologische (Ökologie hier verstanden als Wissenschaft, nicht als Weltanschauung) noch ökonomische Argumente durchsetzen, schließlich ließ sich Landwirtschaft hierzulande schon in den siebziger und achtziger Jahren nicht mehr wirklich rentabel betreiben. Es siegte nur mittels des politischen Partikulardrucks der Bauern und ihrer Verbände. Da damit allerdings siebzig bis neunzig Prozent aller Einwirkungen auf den »Naturhaushalt« ausgeblendet wurden, war klar, daß Verbesserungen beim kleinen Rest keine Wunder würden bewirken können. Wo immer man die Entwicklungen genauer und kritisch untersuchte, wurde deutlich, daß die von den vermeintlichen »Großverursachern« Industrie, Verkehr, Bau- und Siedlungstätigkeit, die man als die klassischen Feindbilder des Naturschutzes bezeichnen könnte, verursachten Folgen hinsichtlich des Rückgangs von Pflanzen- und Tierarten, des Schwunds von Biotopen sowie der Änderungen im Wasserhaushalt zusammengenommen nicht einmal ein Zehntel jener Beeinträchtigungen ausmachten, die auf das Konto der Landwirte gehen. Allein im Hinblick auf den Energieverbrauch und die Belastung der Luft mit klimawirksamen Gasen übertreffen die Auswirkungen der Landwirtschaft in Deutschland die Umweltbelastungen des gesamten Kraftfahrzeugverkehrs in Mitteleuropa, und dasselbe gilt im globalen Maßstab.

Folglich konnten Ausgleichsmaßnahmen, wenn überhaupt, nur sehr lokal wirksam werden. Ob sie nachhaltig positive Folgen für die Bewahrung der Biodiversität haben werden, ist fraglich. Auch hier hängt die Bewertung von dem gewählten Bezugsrahmen ab. Kehren wir noch einmal zum Beispiel des Münchener Großflughafens zurück. Sein Bau kam zweifelsohne, wenngleich unbeabsichtigt, den bayerischen Brutbeständen von Brachvogel und Feldlerche sehr zugute. Auf dem Gelände, ich habe es erwähnt, leben heute die größten bayerischen Einzelvorkommen dieser Arten. Global gesehen, sind diese beiden lokalen Vorkommen für die Gesamtbestände dieser Arten jedoch genauso marginal wie die Wirkungen der Ausgleichsmaßnahmen, die die Betreibergesellschaft leisten mußte. Und auch wenn es den Brachvögeln, den Feldlerchen, den Kiebitzen und all den Schmetterlingsarten, die auf dem Flughafengelände leben, dort gutgeht, profitieren ihre Arten davon insgesamt kaum: Ihre Verbreitungsgebiete erstrecken sich schließlich bis weit nach Asien hinein, die örtlichen Vorkommen im Erdinger Moos, ja in ganz Bayern sind für ihre Arterhaltung insofern quasi bedeutungslos. Und die ursprünglich von den Naturschützern erwarteten Verluste wären noch weniger ins Gewicht gefallen, weil die vor dem Flughafenbau vorhandenen Bestände dieser Arten kleiner waren als danach.

Das Beispiel zeigt, worum es geht: Auf einen entsprechend kleinen Rahmen bezogen, kann tatsächlich jeder Eingriff viel verändern. Wenn ein Gebäude errichtet wird, bleibt dort von den Tieren und Pflanzen, die vorher auf dieser Fläche lebten, zwangsläufig nichts übrig. Doch wenn an derselben Stelle eine Wiese in ein Maisfeld umgewandelt wird, was ohne baurechtliche Genehmigung und ohne jegliche Ausgleichsmaßnahme geschehen kann, bleibt vom vielfältigen Leben der Wiese auch nicht viel mehr übrig. Der Boden und das Grundwasser werden nun allerdings mit den Dünge- und Pflanzenschutzmitteln belastet, die im Maisanbau benötigt werden. Sie verursachen ungleich mehr und viel länger nachwirkende Belastungen als ein Gebäude, auf dessen Flachdach sich rasch eine höchst artenreiche Lebensgemeinschaft seltener Tiere und Pflanzen entwickeln kann. Zwar wird die Grundwasserneubildung durch das Gebäude vermindert, wenn die Niederschläge über die Kanalisation abgeleitet werden. Dafür gelangen aber keine Schadstoffe ins Grundwasser. Man könnte diesen Vergleich bis in die letzten Details hinein schier endlos fortsetzen, und zwar ganz einfach, weil es gar keine festlegbaren Grenzen gibt. Damit sind wir auf einer viel grundlegenderen Stufe der Debatte um den Naturhaushalt angelangt. Worum handelt es sich dabei eigentlich? Was ist der »Naturhaushalt«?

Wie so oft erweist sich scheinbar Selbstverständliches auch hier als alles andere als selbstverständlich, wenn man erst einmal genauer nachfragt. Um das Ergebnis vorwegzunehmen: Den Naturhaushalt gibt es gar nicht. Es sei denn, man bezieht sich dabei auf die ganze Erde. Dieser Rahmen ist aber offensichtlich viel zu groß; angesichts der Komplexität der Lebensvorgänge und Umweltgegebenheiten läßt er sich daher gar nicht berücksichtigen, wenn es etwa um lokale Bauvorhaben geht.

In aller Regel ist allerdings auch gar nicht der globale Naturhaushalt gemeint, wenn es um Eingriffe vor Ort geht. Sie betreffen, wie es dann heißt, die lokalen Ökosysteme, um deren Haushalt es in diesen Fällen geht. Wie sieht aber dieser Haushalt aus? Wer es genauer wissen möchte, wird kaum etwas wirklich Greifbares herausbekommen. Denn auch die sogenannten Ökosysteme existieren nicht. Sie stellen ein Konzept der ökologischen Forschung dar, keine realen Gegebenheiten in der Natur. Sagen wir es ganz deutlich: Es gibt sie in der Wirklichkeit schlicht und ergreifend nicht. Sie sind nur ein anderes, »wissenschaftlich wirkendes« Wort für Wälder, Wiesen, Teiche – und auch für Dörfer oder Städte, für Verkehrswege und Industrieanlagen. Wer von »Waldökosystemen« spricht, bringt meist nur zum Ausdruck, daß er nicht wirklich viel von der ökologischen Wissenschaft versteht. Wissenschaftler hingegen wissen, worum es sich dabei handelt: Ökosysteme sind nahezu beliebig kleine oder große Ausschnitte aus der Natur, die mit den Methoden der ökologischen Forschung als Systeme betrachtet und erfaßt werden, nicht die realen »Funktionseinheiten der Natur«, als die man sie oft bezeichnet. Vor allem sind sie keine »Superorganismen«, da ihnen dazu drei zentrale Merkmale fehlen: Sie habe keine hinreichend klare Grenze, die ein Innen von einem Außen scheiden würde; keine zentrale Funktionssteuerung, die innere Zustände vorgibt und reguliert; und ihnen fehlt die allen lebenden Organismen gemeinsame Fähigkeit zur Fortpflanzung.

Daher ergibt es, genaugenommen, eher einen Sinn, ein Aquarium als Ökosystem zu bezeichnen, da es immerhin eine geschlossene Einheit darstellt, als eine dem Volumen nach gleich große Pfütze in einer Bodensenke. Eine Wiese bleibt eine Wiese, gleichgültig ob man sie nun Wiese oder Wiesenökosystem nennt. Am tatsächlichen Vorkommen von Pflanzen, Tieren und Bodenorganismen sowie an der Umsetzung von Energie und Materialien ändert die Bezeichnung nichts. Wird die Wiese gemäht, ist sie danach in einem anderen Zustand als davor. Wird sie nicht gemäht, entwickelt sie sich weiter, ohne jemals irgendeinen »richtigen« Zustand zu erreichen. Einen solchen müßte es jedoch geben, wenn Diagnosen wie »gestört«, »belastet« oder vom »Zusammenbruch bedroht« einen Sinn ergeben sollen. Und weil die Natur nun mal keinen richtigen Zustand vorgibt, stellen Änderungen, ob sie nun auf den Menschen zurückgehen oder nicht, zunächst nichts anderes dar als vorübergehende Zustands*änderungen*, die an sich weder positiv noch negativ sind. Was uns bei Wiesen spontan einleuchtet, bleibt uns bei Wäldern zumeist verborgen. Ihr Wachstum und damit auch ihre Zustandsänderungen verlaufen einfach viel langsamer als die Vorgänge auf der Wiese. Unser Leben ist kurz im Vergleich zu dem der allermeisten Bäume in unseren Wäldern, lang jedoch gemessen an dem ein- oder zweijähriger Blumen. Wälder halten wir daher für »stabil«, die Pfütze mit ihren Algen hingegen für instabil. Die Lebenszyklen von Insekten passen mehr- oder gar vielfach in die für uns leicht zu überblickende Zeitspanne eines Jahrzehnts. Eine Eiche oder Tanne wiederum verändert sich in dieser Zeit jedoch kaum, zumal wenn sie schon ein Jahrhundert oder mehr Lebenszeit hinter sich hat. Dabei stellen die Veränderungen, die wir wahrnehmen, lediglich den weniger bedeutsamen, sichtbaren Teil der Vorgänge dar, die sich in den sogenannten Ökosystemen abspielen. Noch vager wird es, wenn man etwas über den Naturhaushalt solcher Systeme in Erfahrung bringen will. Um wie viele Zentimeter die Bäume eines Waldes oder die Pflanzen einer Wiese in den Monaten des Sommerhalbjahres wachsen, hängt einerseits von der Witterung, vor allem von der Niederschlagsmenge ab, andererseits von der Verfügbarkeit von Nährstoffen. Beides können wir nicht ohne weiteres »sehen«. Erst nach Jahren und mittels eines Vergleichs der Breite der Jahresringe im Stamm gewinnen wir eine Vorstellung davon, ob das betreffende Jahr ein gutes oder (für diesen Baum) ein schlechtes gewesen ist. Ein oder gar mehrere Jahrzehnte besagen oft wenig im Hinblick auf das Gedeihen von Wäldern. Bei Insekten können solche Zeitspannen aber bereits darüber entschieden haben, ob sie weiterhin vorkommen oder an diesem Ort aussterben.

Selbst unsere Freunde, die Vögel, verraten uns wenig über die Vorgänge in der Natur. Ob sie früher oder später eintreffen, mag mit dem unmittelbaren Verlauf der Frühjahrswitterung zusammenhängen. Ob sie anschließend einen guten oder schlechten Bruterfolg haben, geht aus der Ankunftszeit nicht hervor. Ein überdurchschnittlich warmer Sommer kann, wenn er verregnet ist, ungünstig für die Vögel und die meisten Insekten sein, die Pflanzen jedoch wuchern lassen. Ein trockenheißer hingegen wird das Gedeihen mancher Pflanzen stark beeinträchtigen, den vielen die Wärme liebenden Tierarten aber sehr gut bekommen. Und so fort. Selbst für ein kleines Stück Wald ist es unmöglich, einen »Sollzustand« anzugeben, um festzulegen, welche Wechselwirkungen zwischen den dort existierenden Lebewesen und den anorganischen Vorgängen als »in (bester) Ordnung« gelten sollen. Doch ein solcher (Ideal-)Zustand wäre erforderlich, um Störungen oder Eingriffe zu identifizieren und zu bewerten.

Tatsächlich zeigten alle entsprechenden Untersuchungen, daß sich in der Natur keine solchen festen Zustandswerte ermitteln lassen. Am »stabilsten« sind ausgerechnet die künstlichsten Ökosysteme, nämlich die Felder, an die zugleich die konkretesten Erwartungen hinsichtlich ihrer Leistungen geknüpft werden. Bei ihrer Bewirtschaftung erwartet der Landwirt schließlich, daß das, was er hineinsteckt (ökologisch ausgedrückt sein »Input«) einen entsprechenden Ertrag (sprich: »Output«) liefert. Wenn dem nicht so ist, gibt es gute Gründe für die Annahme, daß dieses »Agro-Ökosystem« an einer bestimmten Stelle gestört oder beeinträchtigt worden ist. Sei es, daß es zuviel oder zuwenig geregnet, daß Pilzbefall die Pflanzen geschädigt hat oder daß irgend etwas anderes passiert ist. Forste, also gepflanzte Wälder, nähern sich am ehesten diesem Grad der Vorhersagbarkeit. Daher finden in der Forstwirtschaft, speziell in der von deutschen Förstern begründeten, schon lange Begriffe Verwendung, die erst in unserer Zeit modern geworden sind: Nachhaltigkeit, Störung und (ökologische) Leistung. Die Wälder sollten nachhaltig Holz produzieren, so lautete von Anfang an die Vorgabe für die neuzeitliche Forstwirtschaft. Dementsprechend gilt es bis heute, sicherzustellen, daß dem Wald nicht mehr Holz entnommen wird, als in derselben Zeit nachwächst, denn nur so bleibt der Wald langfristig leistungsfähig. Wobei es hier, genaugenommen, natürlich nicht um den Wald geht, sondern um den Forst als Holzfabrik. Der natürliche Wald kennt nämlich keinen kontinuierlichen Zuwachs bei entsprechend kontinuierlicher Holzentnahme. Er wächst, meistens eher mosaikartig als einheitlich, bis er eben ausgewachsen ist. Ab diesem Moment verzehren die abbauenden Vorgänge dann genausoviel, wie die aufbauenden produzieren. Ein natürlich ausgewachsener Wald, ein Urwald, gibt entgegen der weitverbreiteten Annahme in der Bilanz keinen Sauerstoff ab, und er nimmt auch kein Kohlen(stoff)dioxid auf. Erreichen Produktion und Verbrauch diese ausgeglichene Bilanz, bedeutet dies, daß der Wald nun altert und zusammenzubrechen beginnt. Dann wird er netto mehr Kohlendioxid abgeben, als er Sauerstoff erzeugt. Dennoch ist auch dies ein natürlicher Zustand – und wie alle anderen, die der Wald zuvor durchlaufen hat, ein zeitgebundener. Das Leben der Bäume ist hier dem jedes einzelnen Lebewesens vergleichbar: Solange wir Menschen heranwachsen, bauen wir bei insgesamt hohem Verbrauch mehr auf, als wir abbauen. Nur so können wir wachsen. Dann folgen die mehr oder weniger ausgeglichenen Jahre, bis irgendwann der Abbau überwiegt. Keiner der Zustände zwischen

Geburt und Tod ist »der richtige«, auch wenn wir bestimmte Zeiten gern verlängern oder festhalten würden.

Dennoch bleibt ein grundlegender Unterschied zwischen dem Lebenslauf eines einzelnen Individuums und den Vorgängen in der Natur: In Lebewesen, die fachliche Bezeichnung Organismus drückt das aus, laufen innere Vorgänge geregelt ab. Innere Kontrollinstanzen sorgen dafür, daß Abweichungen vom Sollwert auch während des Wachstums so gering bleiben, daß das Funktionsgefüge nicht zerstört wird. Das ist möglich, weil alle Lebewesen eine klare Trennung von innen und außen aufweisen. Eine lebendige Substanz geht nicht einfach ohne äußere Begrenzung ins Leblose über. Der Großteil dieser internen Regelmechanismen ist dabei im Erbgut verankert, das keine einander zeitgleich entgegenlaufenden Vorgänge zuläßt. Diese innere Organisation – daher die Bezeichnung Organismus – garantiert diese Abläufe unabhängig von einem Gleichgewicht mit der Umwelt. Sich möglichst davon fernzuhalten ist überlebensnotwendig. Erreicht ein Organismus ein Gleichgewicht mit seiner Umwelt, stirbt er.

Die »Ökosysteme« weisen diese Merkmale nicht auf, sie kennen weder eine Begrenzung noch eine interne Steuerung. Alle darin ablaufenden Vorgänge werden lediglich durch die Möglichkeiten eingeschränkt, die die nichtlebendige Umwelt ihnen bietet. Wenn es an Wasser mangelt, geht eben erst einmal nichts mehr, was wiederum nicht bedeutet, daß mehr gehen könnte, wenn Wasser hinzugefügt würde. Deshalb – und das kann gar nicht nachdrücklich genug betont werden – waren und sind die Menschen auch in der Lage, aus der Natur mehr für ihre Zwecke herauszuholen, als sie »von Natur« aus zu geben bereit wäre. Strenggenommen gibt sie natürlich überhaupt nichts her, weil es »sie« als Person oder als ein dem Menschen vergleichbares Lebewesen gar nicht gibt. Die Vorgänge laufen so, wie sie eben laufen, und sie verändern sich, wenn sich die Rahmenbedingungen ändern. Der Luchs tötet nicht, um den Bestand an Rehen zu regulieren, wie die Jäger das für sich beanspruchen möchten. Er tötet für sich und seinen Nachwuchs, nicht für »das System«. Auch die Bäume wachsen nicht, um Sauerstoff zu produzieren, selbst wenn die Tiere und damit auch wir Menschen diesen unbedingt brauchen. Kein Baum »fällt sich freiwillig«, um eine nachhaltige Forstwirtschaft zu ermöglichen und so fort. Wir sind es, wir Menschen, die eigene Wünsche und Zielvorstellungen in die Natur hineinprojizieren. Weil wir bestimmte Zustände herbeiführen und Erträge gewinnen wollen, möchten wir, daß die Natur in unserem Sinne funktioniert. Ich habe das in dem Band *Stabile Ungleichgewichte*, der ebenfalls in dieser Reihe erschienen ist, ausführlich dargelegt.

Aus dem Gesagten sollte klargeworden sein, warum die Vorstellungen über den Naturhaushalt und die Störungen bzw. Eingriffe so unterschiedlich ausfallen. Die Nutzer der Felder, Fluren und Forste haben Getreide oder den Holzwert im Sinn, nicht bunte, ertragsschwache Blumenwiesen voller Schmetterlinge, überwölbt von einem Himmel, in dem die Lerchen jubilieren, oder einen Urwald mit sterbenden Bäumen und Jungwuchs unterschiedlichster Baumarten, die keinen nennenswerten Holzertrag bieten. Der Jäger sieht im Luchs eine Störung des Naturhaushaltes, weil dieser Rehe frißt, die er selbst beansprucht. Die Fischer wettern gegen den Bau von Staustufen, weil diese aus ihrer Sicht schlimme Eingriffe in den Naturhaushalt der Fließgewässer darstellen, in denen sie vornehmlich die Fische schätzen, nicht jedoch die Wasservögel, die die Naturschützer interessieren, oder die Bade- und Surfmöglichkeiten für die sogenannte Allgemeinheit. Die Tatsache, daß Stauseen Energie aus der sich selbst erneuernden Ressource fließendes Wasser erzeugen, wie die Windkraftanlagen den Wind nutzen oder die Vergasung von Biomasse für klimafreundlich gehalten wird, hilft gegenwärtig wenig, weil sie, anders als die Windräder oder Solarkraftanlagen, nicht mehr »neu« ist. Doch gegen Stauseen sind die Naturschützer ohnehin seit eh und je ins Feld gezogen, selbst wenn auch sie mittlerweile registrieren mußten, daß sich viele dieser Seen inzwischen zu »Feuchtgebieten von internationaler Bedeutung« für den Wasservogelschutz entwickelt haben und damit heute in die höchsten Kategorien des Naturschutzes hineingekommen sind.

So pflegt jede Gruppierung ihre eigene Sicht auf den Naturhaushalt. Und da sich auf jeden Fall mit jedem Eingriff etwas ändert, auch wenn die Änderung nicht quantifizierbar ist, wird sie bekämpft. Läßt sie sich nicht verhindern, wird sie ausgleichs- und damit kostenpflichtig. Gerade weil sich offene Systeme, und höchstens als solche ließen sich Ökosysteme bezeichnen, nicht abgrenzen und festlegen lassen, entziehen sie sich ordentlichen Bewertungen im Hinblick auf die Wirkung eines Eingriffs. Solche wären allenfalls möglich, wenn nicht gleich »ganze Systeme«, sondern lediglich die tatsächlich für die Menschen oder für bestimmte Pflanzen- und Tierarten relevanten Teile betrachtet würden. In anderen Kontexten geschieht dies seit langem. So lassen sich die mittleren Grundwasserstände eines Gebietes bestimmen und ihre Schwankungsbreite, auch über längere Zeiträume als nur ein paar Jahre, messen. Verändert ein Eingriff den Grundwasserstand, so kann man auf dieser Basis sein Ausmaß bestimmen und eventuelle Folgen quantitativ abschätzen. Unter Umständen werden dann Gegenmaßnahmen notwendig. Wer einen Tümpel mit Bauschutt auffüllen möchte, vernichtet dadurch möglicherweise den einzigen Fortpflanzungsplatz für

Frösche und Kröten in der ganzen Umgebung. Es bereitet keine besonderen Schwierigkeiten, darüber zu befinden, ob nun entweder die Auffüllung untersagt oder an einer anderen, für die Laichwanderung und die Ernährung der Lurche vielleicht sogar günstigeren Stelle ein entsprechender Ersatz geschaffen werden soll. Wir haben es hierbei mit einem ganz konkreten Fall zu tun, der sich bewerten läßt, ohne daß gleich die Rhetorik der »Eingriffe in den Naturhaushalt« bemüht werden müßte. Die hier skizzierte Vorgehensweise ist im allgemeinen auf jeden Fall erheblich besser nachvollziehbar als eine nebulöse Argumentation, die sich nicht beweisen läßt, wenn es hart auf hart kommt. Genau das sollte aber im Interesse der Ziele des Naturschutzes vermieden werden. Geraten seine Argumente in Legitimationsnot, wird unter Umständen auch das Erreichbare nicht erreicht. Nur solide Argumente werden am Ende Erfolg haben. Die Vernunft scheitert bislang jedoch meist an unserer geradezu krankhaften Sucht, alles, wirklich alles, ja selbst den unwahrscheinlichsten Fall, genauestens festlegen und kontrollieren zu wollen. Am deutlichsten kommt dies zum Ausdruck, wo es um die »Regulierung« von Vorgängen in der Natur geht. Sie wird zwar von allen Seiten gefordert, die Erfahrung lehrt uns jedoch, daß eine nachhaltige Regulierung nur höchst selten gelingt.

Regulierungen

»Regulieren« meint steuern und festlegen. Wird ein Fluß reguliert, soll der Lauf seines Wassers so geregelt werden, wie es die Menschen ihren Interessen gemäß haben möchten. Er soll immer genug, möglichst nie zuviel Wasser führen und keine Hochwasserfluten bringen. Meistens klappten die Flußregulierungen nur unvollständig. Dämme brachen, alle paar Jahre gab es neue Jahrhunderthochwässer. Mittlerweile haben sich die Ansichten zur Regulierung gewandelt. Gegenwärtig ist das politische Klima für den Rückbau günstiger als für neue Ausbauten.

Auch die Bestandsentwicklung von Pflanzen und Tieren bedarf nach Ansicht vieler Menschen der Regulierung, da die Arten sonst angeblich außer Kontrolle geraten würden. Festen Regeln müßten schließlich auch die Menschen unterworfen werden, weil sie nun einmal dazu neigen, sich in der Natur zu eigenmächtig zu benehmen oder sich ihrer hemmungslos zu bedienen. Selbst die Regeln werden reguliert, ganz oben stehen Oberregeln, die vorgeben, wie etwas geregelt werden soll und, besonders wichtig, wer davon ausgenommen wird. Denn wo immer Regeln gelten, gibt es Möglichkeiten, sie mit Hilfe von Ausnahmeregelungen zu umgehen und außer Kraft zu setzen.

Auch im Naturschutz, darauf habe ich im Zusammenhang mit der Landwirtschaft bereits hingewiesen, sind die Ausnahmen die Regel. Da nahezu 100 Prozent unseres Landes in irgendeiner Weise genutzt werden und Nutzungen in aller Regel von den Schutzbestimmungen weitestgehend oder gar ganz ausgenommen sind, bestimmen tatsächlich die Ausnahmen das Ergebnis der Reglementierung. Woraus sich zwangsläufig ergibt, daß die gesetzlichen Regelwerke ihre Ziele gar nicht erreichen können. Selbst wenn die Gesetze, wie insbesondere gegenüber den Naturfreunden, strikt ausgelegt werden, bringt das kaum etwas, weil die Hauptverursacher der Artenrückgänge und Biotopverluste von den Beschränkungen nun einmal befreit sind. Wenn diesen Privilegierten jedoch selbst irgend etwas nicht paßt, fordern sie um so lauter entsprechende Regulierungen. Dann sollen zum Beispiel die »überhandnehmenden« Gänse stark dezimiert (das heißt, dem Wort gemäß und der Absicht ziemlich genau entsprechend, auf ein Zehntel vermindert) werden, weil sie Exkremente hinterlassen oder weil sie nicht nur auf kurzrasigen Wiesenflächen, sondern auch auf Feldern weiden. Die Forderung, diese Regulierung (hochtrabend »Gänsemanagement« genannt) mit der alten Methode des Abschießens zu vollziehen, wird mit ähnlichen Argumenten begründet. Betont wird die Verschmutzung. Die Beseitigung der Hinterlassenschaften der Gänse verursache unzumutbare Kosten. Die Enten auf den Parkgewässern, futterzahm und menschenvertraut, wie sie sind, sollen am besten gleich mitreguliert werden. Ganz abgesehen davon, daß das Schießen zahmer Gänse und Enten nicht gerade der Jagdethik entspricht, die ohnehin die allermeisten Nichtjäger in der Bevölkerung (also 97 Prozent der Menschen) nicht nachvollziehen können, bleibt die Kernfrage ungelöst, wer eigentlich festlegen soll, ob Regulierungen tatsächlich nötig sind, ob die anzuwendenden Methoden auch wirklich Erfolg versprechen und wer im Fall des Scheiterns die Verantwortung trägt. Regulierungen sind nämlich eine höchst verzwickte Angelegenheit. Seriöse Forschungsergebnisse gibt es dazu in großer Zahl. Sie sind in den Lehrbüchern der (wissenschaftlichen) Ökologie dargelegt. Man muß jedoch davon ausgehen, daß diejenigen, die über Regulierungsmaßnahmen zu entscheiden haben, die wissenschaftlichen Grundprinzipien der Regulierung von Populationen (und die zugehörigen Lehrbücher) ebensowenig kennen bzw. zur Kenntnis nehmen wollen wie jene Kreise, aus denen die Forderungen nach Regulierung kommen.

Die Lage läßt sich überspitzt, aber treffend, damit kennzeichnen, daß mit naturwissenschaftlichen Methoden erarbeitete, hinreichend objektive Erkenntnisse gar nicht erwünscht sind, weil sie die vorgefaßten Absichten und ihre Umsetzung nur stören würden. Beispiele hierfür kennen die meisten Naturschützer zuhauf, insbesondere aus den Konflikten mit den Jägern oder bezüglich des Einsatzes von Gift zur Bekämpfung und Regulierung von Insekten oder anderen Schädlingen.

Doch auch sehr viele Naturschützer setzen sich über Befunde hinweg, die ihren Vorstellungen zuwiderlaufen. Deshalb sind zum einen die Ausnahmen so häufig, weil die Gesetzgeber damit von vornherein Konflikte vermeiden oder zumindest entschärfen wollten. Zum anderen wollen aber auch die Naturschützer von ihren Positionen nicht abrücken, selbst wenn völlig zweifelsfrei feststeht, daß diese in bezug auf ihre Ziele unwirksam und sogar kontraproduktiv gewesen sind. Das Verbindende, das Vorurteil, suggeriert nämlich, daß Regulierungen einfach notwendig sind, weil wir Menschen sie nötig haben. Der Doppelsinn des Ausdrucks »nötig haben« sollte uns jedoch zu denken geben. Er meint nämlich sowohl unsere Unzuverlässigkeit (Unverschämtheit, Dummheit, Selbstsucht etc.), gegen die mit den Reglementierungen vorgegangen werden müsse, wie auch unser Vorurteil, Regulierungen seien notwendig, da »die Natur« selbst gar nicht weiß, wie sie sich verhalten soll. Den Sollwert geben deshalb wir vor. Nach unseren Vorstellungen, versteht sich, nicht nach denen der so oft überstrapazierten »Mutter Natur«.

Behält man diesen Umstand im Hinterkopf, versteht sich von selbst, daß die Ziele von Regulierungen je nach Sichtweise so gut wie immer höchst unterschiedlich ausfallen und mit der Natur an sich kaum noch etwas, meistens gar nichts zu tun haben. Ein paar Blicke auf die Regulierung bestimmter Populationen sollen dies verdeutlichen. Gehen wir der Einfachheit halber davon aus, daß eine Tierart in einen für sie neuen Lebensraum gelangt. Sie wird sich darin, so dieser dafür geeignet ist, vermehren und ausbreiten. Muß sie nun irgendwann reguliert werden? Oder geschieht dies von selbst? Die verbreitete Meinung lautet: Wenn sie genug natürliche Feinde hat, muß man sie wahrscheinlich nicht regulieren. Nimmt die Art jedoch überhand, dann schon. In diesem Fall gilt es dann, nach geeigneten Methoden Ausschau zu halten. Hier bieten sich vor allem (insbesondere aus Sicht der »Regulierungsbehörden«) zwei Mittel der Wahl an: das Abschießen, wenn es sich um Tiere handelt, die aus historischen Gründen als »jagdbar« gelten oder die schlicht und ergreifend groß genug sind, um auf sie zu zielen; und der Einsatz von Gift, wenn es sich, wie etwa bei Insekten, um sehr kleine Tiere handelt. Günstigstenfalls zieht man eine dritte Möglichkeit, die »biologische (Schädlings-)Bekämpfung«, in Betracht. Diese Methode verursachte jedoch, global gesehen, nicht selten größere Probleme, als sie lösen sollte (wobei sie an der eigentlichen Aufgabe meist scheiterte). So breiten sich zum Beispiel gegenwärtig Asiatische Marienkäfer in Mitteleuropa aus. Diese hatte man weithin, auch in Amerika, zur biologischen Bekämpfung von Blattlausbefall in Gewächshäusern und anderen Intensivkulturen eingesetzt. Daß sie sich nun auch im Freiland ausbreiten, hat Behörden wie Naturfreunde alarmiert, denn jetzt bedrohen sie angeblich die heimischen Marienkäfer, wobei für dieses Vorurteil nahezu keine wissenschaftlichen Belege vorliegen, da sie erst seit kurzem in größerer Zahl im Freiland auftreten. Allein das Adjektiv »asiatisch« reicht aus, um sie als »gefährlich« zu brandmarken. Daß sie zuvor – und wohl auch weiterhin – bei der biologischen Schädlingsbekämpfung doppelt erfolgreich waren bzw. sein werden (nämlich bei der Verminderung des Blattlausbefalls und bei der Reduzierung des bislang eingesetzten Giftes), zählt nun nicht mehr. Daß hier irgendwann einmal vernünftig abgewogen werden wird, ist höchst unwahrscheinlich, da wohl niemand bereits vor dem Auftreten der asiatischen Konkurrenten prophylaktisch das Vorkommen der heimischen Marienkäfer so lange und so großflächig untersucht hat, daß man nun Genaueres über die angebliche Verdrängung sagen könnte. Die anfängliche Begeisterung über die biologische Schädlingsbekämpfung hat sich ganz allgemein seit ihrem Höhepunkt in den siebziger und achtziger Jahren merklich gelegt. Viele der mit großem Enthusiasmus ins Land geholten Schädlingsbekämpfer gelten nun selbst als invasiv und gefährlich.

Kehren wir aber noch einmal zurück zu den hinreichend großen und damit grundsätzlich bejagbaren Arten. Hier bietet die Wiederausbreitung des Bibers ein aufschlußreiches Beispiel, an dem sich der Verlauf der Bestandsentwicklung und ihre Dynamik besonders gut darlegen lassen, da die Wiedereinbürgerung mit einer bekannten Zahl ausgesetzter Exemplare begann. Auch über die Restbestände in der damaligen DDR wußte man übrigens recht gut Bescheid. 1970, also ziemlich genau ein Jahrhundert nachdem die Biber bei uns ausgerottet worden waren, begann in Bayern die Wiedereinbürgerung. Auf den Restbestand von 120 bis 150 Bibern, die noch an der Elbe zwischen Dessau und Magdeburg lebten, konnte man in dieser Zeit aus politischen Gründen nicht zurückgreifen. Deshalb setzte der Bund Naturschutz in Bayern auf Biber aus Südschweden. Etwa fünfzig Tiere wurden zwischen 1970 und 1980 nach Bayern und Österreich gebracht. Doch erst in den späten achtziger Jahren, knapp zwei Jahrzehnte nach Beginn der Wiedereinbürgerung, stand fest, daß das Vorhaben erfolgreich verlaufen war. Die Biber vermehrten sich zwar, aber nur so langsam, daß örtliche Ansiedlungen von Biberfamilien immer wieder verschwanden. Daher unternahm man mehrere Versuche, um zu ermitteln, welche Uferbereiche von Bächen und Flüssen für Biber geeignet waren, und um abschätzen zu können, wie groß die Bestände in Bayern in etwa sein würden, wenn die Bestandsentwicklung einmal zum Abschluß gekommen sein würde. Die Schätzungen schwankten zwischen »mehreren hundert Biber-Familien« in »getrennten Populationen« an einigen dafür geeigneten Flüssen und »über tausend«, was jedoch lange Zeit als unrealistisch galt. Viele Experten waren nämlich der Ansicht, die Biber seien gar nicht dauerhaft überlebensfähig, da die Fließgewässer längst viel zu stark verändert worden und dadurch eigentlich denaturiert seien. Daß sich da und dort Biber ansiedelten und ihrer Natur gemäß Bäume fällten, weil sie im Winter von der Rinde der dünneren Äste und der Zweige leben, trug ihnen zwar Klagen ein, aber kein insgesamt schlechtes Ansehen. Die Problembiber konnten gefangen und an andere Stellen umgesetzt werden, wo sie keine nennenswerten Schäden mehr verursachten.

Viele Naturschützer und auch manche Biologen, die sich näher mit der Rückkehr der Biber befaßten, wunderten sich jedoch bald, wie schnell sich diese an Land recht plump wirkenden Tiere ausbreiteten, ohne daß an Ort und Stelle der Bestand stärker anwuchs. Der Nachwuchs wanderte, kaum selbständig geworden, flußaufwärts oder flußabwärts ab. Dadurch blieb der Biberbestand eines größeren Uferbereichs über Jahrzehnte unverändert. Die Abwanderer siedelten sich sogar in Großstädten an, zum Beispiel am Isarufer mitten in München. Aus solchen Meldungen und aus regionalen Zählungen konnte man schließlich ermitteln, daß die Entwicklung des Biberbestandes in Bayern nahezu dem idealen Modell des Populationswachstums folgte und daß sich der Bestand rund 35 Jahre nach Beginn der Freisetzungen einer Größe von 10 000 Tieren näherte. Diese Zahl entspricht, dem S-förmigen (genauer: dem sigmoiden) Kurvenverlauf zufolge, in etwa der Kapazität des bibertauglichen Lebensraumes in Bayern. Aufgrund der recht unterschiedlichen Genauigkeit der Bestandserfassungen stellt diese Zahl jedoch keinen konkreten Grenzwert dar, sondern lediglich eine Größenordnung. Man hatte sich also zu Beginn der Wiedereinbürgerung gewaltig verschätzt. Die Biber konnten an weit mehr Orten leben, als man angenommen hatte, und sie erreichten einen mindestens zehnmal so großen Bestand wie vorhergesagt. Entscheidend dafür war sicherlich, daß man die Biber, dort wo sie sich ansiedelten, auch leben ließ; nur selten kam es zu in der Regel illegalen Gegenmaßnahmen. Erst in dieser Zeit wurde dann deutlich, wo überall Lebensmöglichkeiten für diese Tiere vorhanden waren, die einst als Anzeiger für gesunde, naturnahe Gewässer gegolten hatten. Somit waren entweder unsere Gewässer besser als ihr Ruf, oder man hatte die Biber unterschätzt. Letzteres traf zu. Allerdings mußte man bei der Betrachtung der Wiedereinbürgerung des Bibers auch große Geduld haben. Erst um die Mitte der neunziger Jahre war die Zahl von 1000 Bibern erreicht, rund ein Vierteljahrhundert nach Beginn der Wiedereinbürgerung.

Es dauerte also zweieinhalb Jahrzehnte, bis sich der Anfangsbestand, die sogenannte »Startpopulation«, auf das aller Wahrscheinlichkeit nach sichere Niveau von 1000 Bibern verzwanzigfacht hatte, obwohl mit durchschnittlich drei Jungen pro Biberpaar und Jahr zu rechnen war. Bis die jungen Biber erwachsen und selbst fortpflanzungsfähig sind, vergehen drei Jahre. Folglich konnte man davon ausgehen, daß sich die ursprünglich etwa zwanzig reproduktiven Paare binnen fünf bis zehn Jahren (je nach Sterblichkeit der Altbiber) auf etwa 1000 Exemplare vermehrt haben würden und daß nur ein Jahrzehnt später eine Bestandsgröße von etwa 10 000 erreicht sein würde. Nun kann man natürlich vom Schreibtisch aus viele Möglichkeiten durchrechnen, Modelle erstellen und Vorhersagen treffen. Diese müssen sich dann allerdings in der Natur bewähren, doch um solche Modelle soll es an dieser Stelle nicht gehen. Hier interessieren der konkrete Ablauf der Wiedereinbürgerung und die Entwicklung des neuen Bestandes. Die Biberpopulation in Bayern entwickelte sich dabei dank der geringen Verluste durch Bekämpfungs- und Vertreibungsmaßnahmen geradezu lehrbuchgemäß in drei Phasen. Die erste läßt sich als »Verzögerungsphase« bezeichnen. In dieser kommt die Bestandsentwicklung noch nicht so recht in Schwung. Sie kann in dieser Phase sogar wieder abbrechen, wenn die Startpopulation es nicht schafft, sich zu vermehren, und daher wieder ausstirbt. Beim Biber, einem der Körpermasse nach etwa rehgroßen Nagetier, dauerte diese Phase rund zwanzig Jahre. Zwei Jahrzehnte lang mußten die Initiatoren der Wiedereinbürgerung also Geduld haben und wachsam bleiben, weil zu viele tote Biber das Projekt hätten scheitern lassen. Erst im dritten Jahrzehnt beschleunigte sich dann die Entwicklung. Die Zahl der Biber nahm rapide zu. Man nennt dies die »Wachstumsphase« einer Population. Sie verläuft schneller, als sich das die meisten Menschen vorstellen, weil sie nicht mit mathematischen Wachstumsraten vertraut sind, die exponentiell verlaufen. (Ich kann hier auf dieses Thema nicht weiter eingehen. Interessierte Leser finden jedoch ausführlichere Darlegungen in den Lehrbüchern der Populationsdynamik.) Wie schwer sich die meisten Menschen unserer Gesellschaft mit Wachstumsraten tun, zeigen die vielen, offensichtlich hilflosen Versuche von Politikern, wirtschaftliche und soziale Entwicklungen zu verstehen und rechtzeitig in ihre Planungen einzubeziehen. Sogar Prozentrechnungen bereiten vielen bekanntlich große Schwierigkeiten. Wir alle (einige mathematisch besonders begabte Köpfe ausgenommen) tun uns nun einmal schwer mit Veränderungen, die nicht einfach »meterstabmäßig« linear verlaufen. Diese Schwäche kann jedoch schwerwiegende Folgen haben, wenn es um Eingriffe geht, mit denen etwas gesteuert werden soll. Möglicherweise scheinen Maßnahmen angebracht, weil die Bestände einer Art derzeit noch sehr groß sind. Es ist allerdings denkbar, daß unmerklich bereits ein allmählicher Abwärtstrend eingesetzt hat, so daß Verluste, etwa durch »mäßige Bejagung«, den Rückgang viel stärker beschleunigen als angenommen, da die Wirkungen eben nicht linear, sondern exponentiell sind.

Kehren wir zurück zu dem knappen Überblick über die Populationsdynamik und die Wirkungen regulierender Eingriffe. Die dritte Phase nach der Verzögerungs- und der Wachstumsphase wird »Stabilitätsphase« genannt, im Hinblick auf die bayerischen Biber deutet sie sich derzeit gerade an, möglicherweise wurde sie auch bereits erreicht. Leider fehlen hier im Moment genauere Zählungen. In der Stabilitätsphase hat der Bestand jene Kapazität erreicht, die eine bestimmte Umwelt zuläßt. Gemeint ist damit die Menge an Tieren der betreffenden Art, die dauerhaft, also »nachhaltig«, in einem Gebiet leben können. Sollten die gut 10 000 (oder auch ein paar tausend mehr) Biber dieser Umweltkapazität entsprechen, so bedeutet dies, daß die Population sich nun mit leichten Schwankungen um diese Grenze herum einpendeln wird. Handelt es sich um Tiere, die wie die Biber ziemlich große Reviere bewohnen (mehrere hundert Meter bis zu drei Kilometer Uferlänge beansprucht ein Biberpaar für sich und seinen Nachwuchs), dann wird mit dem Erreichen der Umweltkapazität immer weniger Nachwuchs produziert bzw. immer weniger Nachkommen werden überleben. Da es jedoch gute und schlechte Jahre gibt, und die Umwelt nie wirklich langfristig konstant bleibt, kommt es zu den angesprochenen Schwankungen, die um so größer ausfallen, je kleiner die Tiere sind und je schneller sie sich vermehren. Man spricht hier von Fluktuationen, die keinen Trend anzeigen. Sein recht wirkungsvolles Reviersystem führt dazu, daß die Fluktuation bei einem Tier wie dem Biber niedrig bleibt. Das Reviersystem puffert nämlich Umweltschwankungen wie Hochwässer, zu harte Winter, Ausfälle durch Krankheiten oder Verluste im Straßenverkehr ganz gut ab.

Man muß diese populationsdynamischen Überlegungen zu Fluktuationen und Trends im Hinterkopf haben, wenn es darum geht, einzuschätzen, ob Regulierungsmaßnahmen wirklich notwendig oder erfolgversprechend sind. Im einzelnen hängt das in der Regel wesentlich stärker von der Umweltkapazität ab, als gewöhnlich bedacht wird. Bleiben wir beim einfachen Beispiel des Bibers, und gehen wir vom gegenwärtig wahrscheinlichen Bestand von um die 10 000 Exemplaren in Bayern aus. Wie nicht anders zu erwarten, wurden während der Wachstumsphase Stimmen laut, die eine »Regulierung« der Bestände forderten. Auch hier werde allmählich ein »Management« erforderlich, hieß und heißt es auch heute noch. Wie wird jedoch der Bestand reagieren, wenn ein Drittel oder gar die Hälfte »weggenommen« (geschossen, gefangen oder anderweitig getötet) wird? Ist eine so drastische Bestandsverminderung vorstellbar? Durchaus, denn eine Regulation in dieser Größenordnung wird zum Beispiel beim Wildschwein seit Jahren praktiziert. Von den geschätzten 6000 Tieren, die im Stadtgebiet von Berlin leben, erlegen Jäger pro Jahr etwa 3000. Ganz ähnlich verhält es sich wahrscheinlich im nationalen Rahmen. Immerhin werden jährlich in Deutschland rund eine halbe Million Wildschweine erlegt – und das schon seit einem Jahrzehnt. Mit welchen Folgen für die Bestände in Berlin bzw. im ganzen Land ist zu rechnen? Tatsächlich fallen sie recht gering aus. Die Häufigkeit der Wildschweine nimmt nicht ab. Die Abschußzahlen sind, wie es in den Verlautbarungen von Jagdverbänden und -behörden heißt, »auf hohem Niveau stabil«, und das gilt auch für die Bestände. Man kann davon ausgehen, daß es sich bei den Bibern sehr ähnlich verhalten würde. Woran liegt das? Warum bleiben die Bestände trotz der entsprechenden Maßnahmen stabil? Der Grund ist ganz einfach: Die Überlebenden produzieren schlicht und ergreifend mehr Nachwuchs! Sie sind dazu ohne weiteres in der Lage, da die Umweltkapazität ja unverändert hoch bleibt und sich somit nun bessere Überlebensmöglichkeiten für die Nachkommenden bieten als in der Zeit, als der Bestand noch größer war und die Population hart an dieser Grenze lebte. Gerade die Bejagung bzw. Bekämpfung hält die Bestände also hochgradig produktiv. Sie verhindert unter Umständen sogar, daß Witterungsschwankungen oder natürliche Nahrungsengpässe (im Fall der Wildschweine etwa an Eicheln oder Bucheckern) wirksam werden können. Die Verminderung des Bestandes nimmt den »Innendruck« in der Population, die Konkurrenz, und senkt den »Außendruck« der Umwelt, da weniger Individuen durch den gleichen Engpass leichter durchkommen als (zu) viele. Innerhalb weiter Bereiche der Bestandsgrößen wirkt dieser Mechanismus. Er würde erst dann weitgehend außer Kraft gesetzt, wenn es gelänge, den Bestand bis auf das Niveau der anfänglichen Verzögerungsphase zu reduzieren. Das verbietet sich allerdings in den allermeisten Fällen aufgrund der Gefahr der Wiederausrottung von selbst. Denn das Ziel der Regulierungsmaßnahmen besteht ja darin, die Bestände auf einem gewünschten bzw. akzeptablen Niveau zu halten. Um dieses zu erreichen und auf Dauer zu stellen, bedarf es entsprechend kontinuierlicher Anstrengungen. Die Jäger schaffen die Absenkung der Bestandsgröße unter das Niveau anhaltend hoher Produktivität weder bei Wildschweinen noch bei Rehen oder irgendeiner anderen freilebenden

Wildart. Die Betonung liegt dabei auf »freilebend«. Denn unter den eingeschränkten Bedingungen (größerer) Wildgatter geht das natürlich schon, zum Beispiel bei Rot- und Damhirschen. Die Einzäunung unterbindet schließlich jene Faktoren der Populationsdynamik, die ich noch nicht angeführt habe: die Zu- und Abwanderung.

Wie bereits angedeutet, breiteten sich die wiedereingebürgerten Biber schneller als erwartet flußauf- und flußabwärts sowie über Land in andere Flußsysteme aus. Für die ursprünglichen örtlichen Bestände bedeutete diese Abwanderung einen beständigen Aderlaß. Erst als es genug Biber in der Fläche gab, schwächte sich in der Bilanz die Abwanderung ab, weil es nun vermehrt zu Zuwanderungen kam. Wir sehen also, daß es in bezug auf die Regulierung von Populationen vier ganz unterschiedliche Vorgänge zu berücksichtigen gilt: An erster Stelle steht die Fortpflanzung, genauer: die Geburtenrate (Jungtiere oder, allgemein, Nachwuchs pro Weibchen und Jahr). Dieser steht ein entsprechender »Abgang« in Form von Todesfällen (die Sterberate) gegenüber. In einem abgeschlossenen Bereich bestimmt das Verhältnis von Geburten- und Sterberate die Bestandsentwicklung. Dabei sind sowohl Zu- als auch Abnahmen möglich, da die Sterberate durchaus höher ausfallen kann als die Geburtenrate. Sind die Tiere jedoch nicht eingesperrt, kommen zwei weitere Faktoren hinzu: die Zugänge durch Zuwanderung und die Abgänge durch Abwanderung. Ein freilebender Bestand entwickelt sich somit gemäß der Bilanz dieser vier Größen. Ganz allgemein gilt, daß Zentren der Population mit hoher Nachwuchsrate zu Quellen für die Abwanderung werden, unterbesetzte Vorkommen hingegen zu Aufnahmegebieten der Zuwanderung.

Das war bei uns Menschen nicht anders, als beispielsweise im 18. und 19. Jahrhundert die »neuen Welten« in Amerika und

Australien von europäischen Auswanderern besiedelt wurden. Die Überfülle an Lebensraum ermöglichte ein anhaltendes Wachstum der Bevölkerungen. Die Geburtenrate liegt dort übrigens bis heute höher als im alten »Quellgebiet« Europa, wo die Bevölkerung, seit sie nicht mehr ums Überleben kämpfen muß, ohne Zuwanderung inzwischen stark rückläufig wäre. Was nun bei einer Art wie dem Biber recht überschaubar bleibt, weil seine Ausbreitung auffällt, läßt sich bei den allermeisten kleineren Tieren und allen kleinen Organismen kaum nachverfolgen. Höchstens indirekt kann man beobachten, daß da oder dort, in diesem oder jenem Jahr eine Art anscheinend plötzlich besonders (»extrem«) häufig auftritt oder daß Arten (vermeintlich oder tatsächlich) verschwinden, weil sie so selten geworden sind, daß auch Kenner sie kaum noch auffinden können. Brauchen diese Arten nun Hilfe, oder kann man sie sich selbst überlassen, weil sie irgendwann und irgendwo wieder häufig(er) auftreten werden? Ohne Kenntnis der Gründe, weshalb sie vordem häufig waren, ist kein Urteil darüber möglich, ob die Seltenheit »natürlich« oder aber »menschengemacht« ist.

Zu Recht befürchten Naturschützer, daß Arten ganz verschwinden könnten, wenn ihre Seltenheit zu lange anhält und nicht nur einen Tiefpunkt in einer starken Fluktuation darstellt. Selten zu sein kann aber auch Schutz bedeuten. Natürliche Feinde können nicht von Seltenheiten leben, auch wenn sie solche mitverwerten, so sich die Gelegenheit ergibt, und solche Gelegenheiten lassen sich bei noch so großem Einsatz seitens der Naturschützer oder der Jäger nicht verhindern. Es sei denn, es handelt sich nicht um natürliche Feinde, sondern um Menschen. Als die letzten in Deutschland noch vorhandenen Horste der Wanderfalken zwischen 1960 und 1990 während der ganzen Fortpflanzungszeit rund um die Uhr von Naturschützern bewacht wurden, erzielten die Falken allen Umweltgiften zum Trotz allmählich wieder Bruterfolge. Die Hauptgefahr war zuvor nämlich von Menschen mit bestimmten Interessen ausgegangen (von Falknern und Taubenzüchtern etwa, von den einen, weil sie die Falken selbst haben wollten, von den anderen, weil sie um ihre Tauben fürchteten). Durch die Bewachung konnten diese Quellen der Verluste weitgehend ausgeschaltet werden. Ganz ähnlich verhielt es sich mit der Jagd auf Greifvögel, insbesondere Adler. Östlich des Eisernen Vorhangs waren die Adler und andere Großtiere nach dem Zweiten Weltkrieg sehr gut geschützt, westlich davon allerdings nicht. Einzelne Abschüsse reichten aus, um die Ausbreitung der Bestände in den Westen zu verhindern. Als der umfassende Greifvogelschutz auch in Westdeutschland eingeführt wurde, setzte eine ähnliche Wiedererholung ein wie im Osten, und sie dauert immer noch an. Gegenwärtig, zwanzig Jahre nach Mauerfall und Wiedervereinigung, wird allmählich das westdeutsche Gebiet von See- sowie Fischadlern und sogar von Wölfen erreicht und besiedelt. Die Erfolge bei der Wiederkehr der »großen Arten« zeigen, wie wichtig es für die Entwicklung der Bestände dieser seltenen Arten war, einzelne Abschüsse zu unterbinden. Aus Sicht der Populationsdynamik entsprachen sie zusätzlichen, unnatürlichen Verlusten in der Verzögerungsphase der Bestandsentwicklung. Erst wenn das Wachstum der Bestände richtig in Schwung gekommen ist und sich ihre Größe allmählich der Hälfte der Umweltkapazität annähert, sind Einzelverluste nicht mehr so bedeutsam. Deshalb müssen von Natur aus seltene Arten auch so gut wie möglich vor Verfolgung und Abschuß geschützt werden. Zehn getötete Individuen bedeuten beim Biber oder beim Fuchs für die Bestandsentwicklung und ihre Regulation nichts, für die Seeadler, die in Bayern brüten, oder für die Elche, die dabei sind, sich in Deutschland zu etablieren, käme das der Ausrottung gleich.

Im Kontext von Diskussionen um Regulierungsmaßnahmen bedeutet das nun, daß gleiche Mengen nicht gleiche Auswirkungen haben müssen. Ein paar abgeschossene Birkhähne können die so klein gewordenen und zersplitterten Bestände auslöschen. Zehntausende abgeschossener Krähen werden jedoch nicht zu der von den Jägern angestrebten Bestandsregulierung führen, im Gegenteil. Durch den Verlust ihrer Partner heimatlos gewordene Krähen schließen sich zu Trupps zusammen, streifen in den frei gewordenen Gebieten umher und verursachen unter Umständen sogar größere Verluste bei Niederwild und Singvögeln als dauerhaft in Revieren lebende Krähenpaare.

Gerade die Jäger gehen besonders häufig in die Falle des Augenscheins. Sie haben die »Strecke« vor sich und ziehen diese vom »Bestand« ab, dessen Größe sie nicht genau genug kennen und dessen Reproduktionskraft sie nicht einschätzen können. Sie halten sich für die Ersatzregulatoren, weil es in der Kulturlandschaft keine »regulierenden Raubtiere« mehr gibt (und aus ihrer Sicht auch nicht mehr geben soll). Daher, so meinen sie, müßten sie die schwere Aufgabe nun selbst übernehmen und das Wild sowie noch andere Dinge draußen in der Natur regulieren. Daß sie mit der Hege von vornherein einen Großteil der möglichen Wirkungen der Abschüsse außer Kraft setzen, wollen sie zumeist nicht wahrhaben. Denn jede Form zusätzlicher Fütterung kommt der Reproduktionskraft und damit dem Wachstum der Bestände zugute. Die Wildfütterung bringt denn auch höchst anschaulich zum Ausdruck, worum es im deutschen Revierjagdsystem in erster Linie geht: Es ist auf einen hohen (gleichwohl per Jagdgesetz artenreichen) und produktiven Wildbestand ausgerichtet, nicht auf artenreich-stabile, aber unproduktive Wildtiere, die kaum Überschüsse produzieren, die man dann jagen könnte. In der besonders artenreichen Wildnis der tropischen Regenwälder ist das (potentiell nutzbare) Wild hingegen so selten, daß sich Jäger höchstens der raren Trophäen wegen, die sie in diesem Gebiet erobern können, dafür interessieren, nicht jedoch, weil es als permanentes Jagdrevier in Frage käme, da es dort vielleicht das ganze Jahr über nichts zu erlegen gibt.

Der gemäß dem Jagdgesetz anzustrebende artenreiche Wildbestand bleibt demzufolge auch hierzulande weitgehend ein Wunschbild der Naturfreunde, weil die Jäger damit eben nicht das Dutzend verschiedener, vor der Bejagung geschützter Arten von Greifvögeln oder all die nichtjagdbaren Tiere meinen, sondern doch vornehmlich das in ihrem Interesse liegende jagdbare Wild. Diesem aber, vor allem den Rehen und Wildschweinen, den Hirschen und Wildenten, geht es der Größe ihrer Bestände zufolge in unserer Zeit so gut wie seit vielen Jahrhunderten nicht mehr. Das liegt weniger an der Jagd und ihrer Hege als vielmehr an der Tatsache, daß die Landschaft heute systematisch anders genutzt wird als ehedem. Die Felder und Fluren, zu einem Teil auch die Wälder, waren noch nie so produktiv wie in den letzten dreißig Jahren. Infolgedessen nahmen die Wildbestände zu, die direkt von dieser erhöhten Produktivität leben. Alle anderen Arten, die durch die Überdüngung, wie schon mehrfach festgestellt, selten geworden sind, gehören zu den Verlierern der großen Umstellung von Mangel auf Überfluß. Hier liegt schließlich auch der Schlüssel zur einzigen brauchbaren Form der Regulierung, die nachhaltige Wirkungen entfalten kann. Diese besteht eben nicht in der Verfolgung und Vernichtung der zu regulierenden Arten, sondern in der Absenkung ihrer Umweltkapazität. Denn diese bestimmt, wie eingangs allgemein und dann am Beispiel der Biber erläutert, die Höhe der Bestände. Bleiben »freie

Plätze« oder werden solche durch die Bekämpfungsmaßnahmen geschaffen, werden diese so schnell wieder aufgefüllt, wie das die Vermehrungsrate der betreffenden Arten zuläßt. Die Jäger können Jahr für Jahr Hunderttausende von Krähen oder Wildschweinen abschießen und werden deren Bestände doch nicht regulieren, sondern besonders produktiv erhalten. Das mag bei den Wildschweinen sinnvoll sein, von denen seit rund zehn Jahren die Hauptmenge des einheimischen Wildfleisches stammt. Die Krähenbekämpfung hingegen läßt sich mit Krähenfleisch freilich nicht rechtfertigen. Allenfalls mit dem Jagdvergnügen, das Nichtjäger emotional nicht nachvollziehen können und meistens auch nicht gutheißen, weil das bloße Töten kein vernünftiger Grund ist, die falschen Annahmen zur Regulierung jedoch die Notwendigkeit der Jagd in Frage stellen.

Wiederum gilt diese Kritik nicht allein den Jägern. Die Regulierung mit der Schußwaffe macht die Problematik allerdings besonders anschaulich. Auch wer mit der Giftspritze zur Bekämpfung ausrückt, kann dies meist nicht mit dem Erfolg rechtfertigen, der sich daraus ergibt, und das gilt für die Land- und Forstwirtschaft wie im privaten Bereich oder im Naturschutz. Stets ist die Möglichkeit, daß die Maßnahme scheitert, nicht nur gegeben, sondern viel wahrscheinlicher als der Erfolg. Denn letztendlich hängt es nicht an der Art der Tötung, sondern an den Lebensmöglichkeiten, welche die Umwelt bietet, wie die Bestände auf die »Regulierung« reagieren. Weder die Vergiftung der Ratten noch die Abschüsse von Möwen und Krähen an offenen Müllhalden haben nachhaltige Erfolge gebracht. Erst als die Deponien geschlossen wurden und ein vernünftigeres System der Müllverwertung eingeführt wurde, gingen die Bestände dieser Problemarten entsprechend stark zurück.

Bei den Mäusen in den Nahrungsspeichern der Menschen

oder den Käfern, Motten und dergleichen in den Häusern war es nicht anders. Die Wildschweine würden in Berlin nicht zu Tausenden leben und sich höchst erfolgreich fortpflanzen, wenn nicht soviel Essen weggeworfen würde und die Grünanlagen nicht so wildschweinfreundlich wären. Wo immer Massenvermehrungen auftreten, gibt es dafür auch Gründe. Diese zu kennen und gegebenenfalls auf sie einzuwirken stellt eine ungleich wirkungsvollere Vorgehensweise dar als die Regulierung mit dem Gewehr oder mit Gift. Die Anwendung solcher Vernichtungsmittel kommt dem Eingeständnis der Unfähigkeit gleich, die vom Menschen selbstgemachten Probleme auf eine dem Menschen würdige Weise zu lösen.

Entsprechendes gilt für viele Regulierungsmaßnahmen und Reglementierungen des Naturschutzes. Die Bekämpfung invasiver Neophyten wie Riesenbärenklau und Drüsigem Springkraut beseitigt die Ursachen ihrer Massenvermehrung nicht. Pflegemaßnahmen in Hochmooren, deren Ziel die Entfernung des aufkommenden Bewuchses aus Birken und anderen »nicht ins Hochmoor gehörenden« Pflanzen ist, müssen alle paar Jahre wiederholt werden, weil sich die Düngung aus der Luft nicht abstellen läßt. Die meisten der sich selbst überlassenen Naturschutzgebiete wachsen ohne Pflegemaßnahmen zu. Dabei verlieren sie oft genau jene Arten, die Ziel der Unterschutzstellung waren. Umgekehrt gelang es durch die Förderung der kleinen Singvögel nicht, die immer wieder auftretenden Massenvermehrungen von Insekten einzudämmen, die im Garten oder im Forst Schäden anrichten.

Darüber hinaus sind die vielen Verbote im Naturschutz ein Hinweis darauf, daß das Kernanliegen bislang nicht richtig vermittelt wurde. Die allermeisten der in den Schutzverordnungen enthaltenen Beschränkungen wären unnötig, stünden Naturschützer vor Ort zur Verfügung, um interessierten Bürgern zu erläutern, was es hier Besonderes gibt und worauf zu achten ist. Insbesondere im Artenschutz treffen die Verbote mit den Naturfreunden die Falschen. Das kann gar nicht oft genug wiederholt werden. Die eigentlichen Verursacher des Artenschwundes und der Biotopverluste haben sich den Beschränkungen rechtzeitig entzogen bzw. wurden von allen Verpflichtungen freigestellt. In diesem Zusammenhang kommt dem Prinzip der Umweltkapazität ganz besonders große Bedeutung zu. Die Land- und großenteils auch die Forstwirtschaft, die zusammen 85 Prozent der Landesfläche beherrschen, senkten durch ihre produktionsverbessernden Maßnahmen die Umweltkapazität für Biotope, Pflanzen und Tiere drastisch. Die Verbesserungen im Sinne des Naturschutzes, die in den Siedlungsräumen des Menschen, in den Industriegebieten und auch auf Teilen der Verkehrsflächen zuwege gebracht wurden, können die von der Land- und Forstwirtschaft verursachten Verluste bei weitem nicht ausgleichen. Auch die Naturfreunde stehen vor diesem Hintergrund meist als Statisten am Rande des Geschehens. Werden sie noch weiter zurückgedrängt, bedeutet dies, daß die Kräfte, die für die Ziele des Naturschutzes mobilisiert werden können, weiter geschwächt werden. Wer den Naturschutz voranbringen möchte, muß auch dafür sozusagen die Umweltkapazität vergrößern. Wer den Freunden der Natur Beschränkungen auferlegt, nimmt ihnen auch ihre geistigen Kapazitäten weg, die sonst für die Natur »frei« wären.

Inwertsetzung

Bei weitem nicht alles, aber doch sehr vieles läuft im internationalen Naturschutz ganz ähnlich wie im nationalen Rahmen

Deutschlands. Mensch und Natur scheinen einander wie Feinde gegenüberzustehen. Der Naturschutz gilt als Hindernis für die weitere, oft bitter nötige Entwicklung. Die Bevölkerung der Dritten Welt empfindet ihn als eine andere Form des Kolonialismus und als anhaltende Bevormundung. Die »Reichen« wollen ihnen, den »Armen«, vorschreiben, wie sie mit ihrer Natur umzugehen haben. Dabei sieht man doch überaus deutlich, daß die Reichen selbst im Naturschutz am allerwenigsten erreicht haben. Immerhin wurde in Deutschland, ein Beispiel, das international durch die Medien ging, der erste Bär, der eineinhalb Jahrhunderte nach seiner Ausrottung auf eigenen Pfoten zuwanderte, exekutiert, weil er ein paar Schafe gerissen und Tauben erschreckt hatte. Ein »Problembär« sei das gewesen, hieß es. Ein Problem, weil er sich ganz nach Bärenart verhielt und in den Siedlungen der Menschen keine Lebensgefahr gewittert hatte. Er hätte sich in den entlegensten Winkeln der Berge versteckt halten und von Wurzeln leben müssen, dann wäre er ein guter Bär gewesen. Bären können im fernen Kamtschatka oder in den finsteren Wäldern Rumäniens leben. Dafür – und auch dafür, daß Tanzbären von ihrem Los erlöst und in Gnadenhöfe gebracht werden können – spendet man hierzulande Geld. Die getöteten Schafe bezahlte zwar die Allgemeinheit, aber der Bär durfte trotzdem nicht leben. Bruno hatte keinen Menschen bedroht, dennoch hielten ihnen die Verantwortlichen für untragbar. Man muß davon ausgehen, daß sie auf die Wiederkehr der Wölfe ganz ähnlich reagieren werden. Im »Fernen Osten« des Landes, an der Grenze zu Polen, mag es angehen, daß dort Wölfe hausen. Aber weiter nach Westen sollen und dürfen sie nicht vordringen. Wir haben hier schließlich genug Hunde, die alljährlich den Menschen Abertausende von Bissen zufügen und von denen viele nach Ansicht der Jäger auch »wildern«. Sogar

Menschen werden immer wieder von Hunden getötet. Aber der Hund ist nun mal ein Hund, und wir haben uns daran gewöhnt, daß er und nicht seine Stammform, der Wolf, bei uns lebt.

Wie kommt es zu so einseitigen Urteilen? Bei Wölfen und Bären reicht eine angenommene Gefahr für den Menschen aus, um sie zu Untieren abzustempeln, die in unserer kultivierten Welt nichts zu suchen haben. Sie sollen lieber, so die dahinterstehende Haltung der Gegner dieser Tiere, in Regionen am Rande der Zivilisation leben, in den Bergen Italiens oder Sloweniens, in Rumänien und natürlich in Afrika und im wilden Nordosten Asiens. Dort sollen auch die Tiger überleben und in Afrika die Löwen. Daß es dort auch Menschen und Haustiere gibt, interessiert hierzulande niemanden wirklich. Eher wird diesen Menschen mangelndes Verständnis für die Notwendigkeiten des Naturschutzes vorgeworfen, wenn sich herausstellt, daß auch dort der Fortbestand dieser Arten in Gefahr ist. Bei uns verhält es sich genau umgekehrt. Die von den Wölfen und Bären möglicherweise Betroffenen werfen der naturfernen Stadtbevölkerung Unwissen vor. Romantische Schwärmer seien sie, diese Naturschützer aus den Städten, die keine Ahnung vom Leben auf dem Land haben. Darauf, daß die Stadtkinder ungleich stärker vom Verkehr bedroht sind als die Kinder jener Landstriche von Wölfen und Bären, weist man am besten gar nicht erst hin. Tausende, jahrzehntelang sogar über Zehntausende dem Straßenverkehr zum Opfer gefallene Menschen führten nicht zur Abschaffung dieses »Killers Nummer eins«, wie auch die Haltung von Kampfhunden nach dem Tod von Kindern nicht nennenswert eingeschränkt wurde. Nicht einmal der Zwang, Kampfhunde in der Öffentlichkeit nur mit Maulkorb auszuführen, ließ sich politisch durchsetzen.

In solchen Diskrepanzen im globalen wie im regionalen Vergleich kommt ein Phänomen ans Licht, mit dem sich Naturschützer derzeit besonders intensiv auseinandersetzen – die »Inwertsetzung« der Natur. Autos und Hunde sind uns so viel wert, daß wir die damit verbundenen Risiken akzeptieren und uns über die Haftpflicht absichern. Sie kann zwar keine Toten wieder auferstehen lassen, aber die materiellen Schäden in typischer Versicherungsart tragen. Für das breitgestreute Risiko wird mit vergleichsweise kleinen Beträgen bezahlt, damit die großen Kosten im Einzelfall ausgeglichen werden können und den Versicherungsträgern dennoch Gewinn garantiert ist. Warum, so die wohl zu Recht gestellte Frage, können wir uns nicht auf dieselbe Weise gegen Wölfe und Bären absichern? Das Schadensrisiko ist sehr gering, wie die Erfahrungen aus den Ländern zeigen, in denen diese Tiere in größerer Zahl vorkommen. Wolfsschäden sollten eigentlich von der Hundehaftpflicht mit abgedeckt werden können. Wenn sich die betreffenden Versicherungsgesellschaften schon nicht damit schmücken wollen, daß sie von sich aus im Interesse der Allgemeinheit das Risiko übernehmen, würden sich doch andere Wege (für Beitragsleistungen) finden lassen. Dann müßten nicht die von solchen Fällen offensichtlich hoffnungslos überforderten, um Zuständigkeiten ringenden Verwaltungen bemüht werden, um mit den Problemtieren zurechtzukommen. »Bärenstarke Versicherungen« können es sich leisten, Bären zu versichern und Wölfe auch.

Im internationalen Naturschutz setzt man zunehmend auf diese Vorgehensweise, weil klar ist, daß die örtliche Bevölkerung Bären, Wölfe, Tiger, Jaguare oder Löwen ganz anders betrachtet, wenn sie sicher sein kann, daß wenigstens die Schäden, die diese Tiere unter Umständen verursachen, von anderen getragen werden. Im Kontext der Jagd wurde hierzu schon vor langer Zeit das System des Wildschadensausgleichs etabliert. Daß nicht nur die großen Hirsche, sondern auch die vergleichsweise kleinen Rehböcke Menschen töten können, spielt vermeintlich dank der jagdlichen Regelungen keine Rolle mehr. Hirsche und Rehböcke hält man nicht für gefährlich. Nicht einmal die Wildschweine, die jedes Jahr Tausende, zum Teil sehr schwere Verkehrsunfälle verursachen, gelten heute noch als untragbare Gefahr. Sie »liefern«, wie bereits erwähnt, seit Jahren mehr heimisches Wildfleisch als jede andere bejagte Tierart. Wildschweine haben also einen »Wert«; »Fleischwert« und Wert als Jagdwild. Sie zu beobachten macht vielen Menschen Freude. Daß sich ihre Zunahme und Ausbreitung nicht kontrollieren ließen, weckt keine allzu große Besorgnis. Bei den von den Jägern noch weitaus höher geschätzten Hirschen und Rehen ist die Inwertsetzung bereits so weit vorangeschritten, daß millionenschwere Wildschäden in den Wäldern, deren Kosten in den Staatsforsten direkt und im Privatwald zumindest indirekt von der Allgemeinheit getragen werden müssen, auch nach Jahrzehnten heftigsten Streits zwischen Jägern und Forstwirten nicht durch eine entsprechend starke Verminderung der Bestände abgesenkt wurden. Die Schlußfolgerung, daß die Wald-Wild-Diskussion nur viel Lärm um nichts gewesen ist, läßt sich kaum von der Hand weisen. Vielleicht sollte man zudem bedenken, daß die Änderungen in der Waldbewirtschaftung, etwa die Abkehr von großflächigen Kahlschlägen, ihren Teil dazu beigetragen haben, diese Schwierigkeiten zu mildern.

Der Umbau der Wälder zu stabileren, weniger durch Insektenfraß oder Stürme gefährdeten Mischbeständen veränderte die Lebensbedingungen nicht nur für das Wild, sondern auch für sehr viele andere Tier- und Pflanzenarten. Da Mischwälder mittlerweile als höherwertig gelten als die früheren Monokulturen von Fichten oder Kiefern und weil Laubbaumarten generell den Nadelbäumen vorgezogen werden, rückte der Reinertrag der Flächen an Holzwert deutlich in den Hintergrund. Andere »Werte« wurden nun in die Betrachtung mit einbezogen. In entsprechender Weise könnte und sollte man, so die Ansicht mancher Naturschützer, eigentlich die ganze Natur in Wert setzen. Im Hinblick auf den Klimawandel hat man sogar versucht, dies global zu berechnen. »Ökosystemdienste« oder »Ökosystemleistungen« gehen ebenfalls mit in die Berechnungen ein. Als ob die Natur dazu verpflichtet wäre, den Menschen bestimmte Mengen (sauberes) Wasser, Holz oder Wildbret zu liefern.

Die Inwertsetzung der Natur drückt jene Haltung aus, die bekanntlich das westliche Wirtschaftssystem bestimmt. Sie ist nicht nur Grundlage des Wirtschaftens, sondern auch Grundhaltung des Denkens. Alles muß zu irgend etwas »gut« sein. Wozu ist die Blindschleiche gut oder der Laubfrosch? Funktioniert die Natur nicht richtig, wenn es die eine oder die andere Art hier an dieser Stelle nicht mehr gibt? Oder wirkt sich ihr Fehlen erst dann erkennbar aus, wenn die betreffenden Arten ganz ausgestorben sind? Spielen die Millionen unterschiedlicher Arten tatsächlich alle eine »Rolle im Naturhaushalt«? Was sind diese Rollen wert? Braucht der Acker das Unkraut, oder ist es doch besser, ihn davon freizuhalten? Sollen Nacktschnecken den Gemüsegarten heimsuchen dürfen, weil die Natur sie braucht, obgleich wir Menschen das Gemüse selbst verzehren möchten, das ganz ohne irgendwelche Gifte oder sonstige verdächtige Stoffe »rein bio« aufwächst? Die Schneckenbekämpfung halten wir für notwendig, zumal wenn es sich um die fremde, ursprünglich nicht heimische Spanische Nacktschnecke handelt. Ob heimische Arten am Salat knabbern, die den »Spaniern« oft zum Verwechseln ähnlich sehen, ist dann wie bereits im Zusammenhang mit den

Asiatischen und den heimischen Marienkäfern nicht so wichtig. Es geht dabei um den Schaden, den die Schnecken anrichten, und nicht um die Herkunft der Verursacher dieses Schadens. So verhält es sich doch auch beim Landwirt, wenn er das Unkraut bekämpft, oder beim Jäger, der den Habicht als Schädling abschießt, weil dieser »seine« Fasanen schlägt. In gleicher Weise argumentiert der Fischer im Hinblick auf die Kormorane, die für ihn im Gegensatz zu seinen Fischen keinen Wert haben. Und so fort. Stets wird abgewogen, was mehr wert ist.

Im Artenschutz kam merkwürdigerweise eine fast genau entgegengesetzte Entwicklung in Gang. Vorher real vorhandene Werte wurden durch das Aneignungs- und Besitzverbot geschützter Arten entwertet. Am deutlichsten machte sich diese Entwertung im Souvenirgeschäft bemerkbar, nachdem 1976 das globale »Washingtoner Artenschutzübereinkommen«, in der englischsprachigen Abkürzung CITES genannt, in Kraft trat. Viele dem Aussehen nach attraktive Tiere und Pflanzen durften nun nicht mehr von Reisen mitgebracht werden, weder lebendig noch tot. Selbst Teile davon, etwa Federn oder die Schalen von Meeresschnecken und Muscheln, fallen unter die Bestimmungen. Wer sie bereits in der Zeit vor Inkrafttreten der Vereinbarung gekauft oder gesammelt hatte, mußte die Altbestände bei den zuständigen Behörden melden. Ausnahmen wurden und werden höchst selten gewährt; die Bürokratie ist so kompliziert, daß der Aufwand für den Normalbürger selbst bei der weit größeren Gruppe der geschützten Arten, für die man »nur« eine offizielle Ausfuhrerlaubnis des Ursprungslands oder die entsprechende Einfuhrgenehmigung ins Zielland benötigt, kaum zu bewältigen ist.

Am stärksten betroffen waren und sind die Märkte für Elfenbeinschnitzereien, Muscheln und Meeresschnecken sowie Pelze, vor allem für solche, die von »gefleckten Katzen« stammen, Krokodillederprodukte sowie der Handel mit Ziervögeln, Orchideen und Kakteen. Am Zoll muß man jederzeit damit rechnen, daß jegliches pflanzliche oder tierische Objekt zurückgehalten wird, das man mitgebracht hat, weil bei der unüberschaubaren Vielzahl von Arten niemand in der Lage ist, auf den ersten Blick alles richtig zu identifizieren und einzustufen. Somit wurde diesen geschützten Arten durch CITES ihr Wert entzogen. Die Situation ähnelt insofern jener im nationalen Rahmen: Auch hier tut man gut daran, davon auszugehen, ein Tier oder eine Pflanze könnten unter Schutz stehen, wenn man sich nicht wirklich ganz sicher ist. Und selbst dann muß man stets damit rechnen, daß man aufgefordert wird, den Nachweis zu führen, daß das Gegenteil der Fall ist.

Diese Entwertung ließ zwangsläufig das Interesse an der lebendigen Natur und ihrer Erhaltung stark sinken. Für viele Menschen in den wirtschaftlich armen, an Natur jedoch reichen Ländern bedeutete dies den Verlust von Arbeit und Einkommen. Aus ihrer Sicht lohnt es sich nun nicht mehr, die Naturschätze zu bewahren und nachhaltig zu nutzen, weil sie gar keine »Schätze« mehr sind. Viel zu wenigen der global bedrohten Arten hat der Schutz durch das Washingtoner Artenschutzübereinkommen wirklich genutzt. Der Schwarzhandel mit ihnen blüht hingegen. Denn wo es Nachfrage gibt, finden sich Mittel und Wege, diese zu befriedigen. Wenn ein toter Tiger ungleich mehr wert ist als ein lebender, lohnt die Wilderei. Der totale Schutz hat die Preise für Tigerprodukte so sehr in die Höhe getrieben, daß in China Tiger gezüchtet werden, um den Bedarf zu befriedigen, bis die Nachfrage irgendwann von selbst zurückgeht. Wo das getötete Kalb den Menschen aber mehr bedeutet als der Jaguar, weil weder sein Fell noch sonst ein Teil von ihm veräußert werden kann, wird die Großkatze zum Schädling degradiert, den es auszurotten gilt.

Einzig der Naturtourismus bietet hier einen Ausgleich, aber natürlich nur stellenweise und nicht großflächig. Das Korallenriff muß zugänglich sein, es muß eine dazu passende Insel mit (luxuriösen) Unterkünften geben, damit es touristisch genutzt werden kann. Mit den Löwen, Elefanten und anderen leicht beobachtbaren Großtieren in den offenen afrikanischen Nationalparks kann man viel einfacher Geld verdienen als im dichten Regenwald, wo schon mehr als Glück dazu gehört, auf einer Tour von wenigen Tagen einen Jaguar zu sehen. Zugkräftig sind die schönen und die großen Arten, nicht die immense Vielfalt im Kleinen und Kleinsten, die für die Spezialisten reizvoll ist.

Wie nicht anders zu erwarten, brachte diese Entwertung der Natur für einige Arten Vorteile, für die weitaus überwiegende Mehrzahl aber nichts. Einer der wenigen Gewinner ist der Leopard. Diese äußerst geschickte und vorsichtige Großkatze schaffte es, schon ein gutes Jahrzehnt nach ihrer umfassenden Inschutznahme ihre Bestände deutlich zu vergrößern. Die Wilderei lohnte nicht mehr, weil die Modemacher in den reichen Ländern entsprechende Kleidungsstücke für Damen nicht länger verkaufen konnten. »Felle tragen schöne Tiere und häßliche Weiber«, lautete der entsprechende Slogan der in den siebziger und achtziger Jahren sehr wirkungsvollen Bewegung gegen das Tragen von Tierfellen. Eine der damals ganz Großen im internationalen Film, Brigitte Bardot, hatte sich dafür wie viele andere Stars engagiert. Der Leopard breitete sich wieder aus, in Afrika kam es gebietsweise zu einem so starken Anstieg der Bestände, daß die Verfolgung wieder einsetzte, weil zu oft und zuviel Vieh gerissen wurde. Und da die Felle nichts mehr wert sind, wird die Großkatze nun eben als Schädling betrachtet und bekämpft. Die notwendigen Kompensationen für die Verluste bleiben aus. Die Folge ist, daß die zumeist bitterarme Bevölkerung vor Ort das Comeback des Leoparden alleine verkraften muß. Tiere erweisen sich in der Regel nur dann noch als wertvoll, wenn sie den Touristen präsentiert werden können. Die heftigsten Konflikte gibt es daher bei Großtieren wie den Elefanten. Ihr Elfenbein hat offiziell keinen Markt mehr, oder es geht, wenn angehäufte Stoßzähne ausnahmsweise einmal legal verkauft werden können, in einen Markt, auf dem andere profitieren als jene Menschen, die unter dem riesigen Nahrungsbedarfes dieser Tiere zu leiden hatten.

Auch in reichen, hochentwickelten Ländern sieht es nicht besser aus, wo es um wirtschaftliche Werte geht. Die kanadische Regierung läßt alljährlich Zehntausende Robben töten, weil diese angeblich zu viele Fische fressen; Fische, welche die kanadischen Fischer für sich beanspruchen. Solch absurde Vorgänge spielen sich bekanntlich auch hierzulande ab: Bei uns sind es die Kormorane, denen von den Sportanglern riesige Verluste zur Last gelegt werden. Daß die eigentlichen Gründe für den drastischen Rückgang der Fischbestände die fast vollständige Entfernung der organischen Reststoffe aus den häuslichen Abwässern durch moderne Kläranlagen sowie die Vernichtung der Auwälder entlang der Flüsse sind, will man nicht wahrhaben. Schiebt man die Schuld den Kormoranen, diesen »Unterwasserterroristen«, in die Schuhe, die man leicht abschießen kann, erspart man sich komplizierte Diskussionen und Güterabwägungen. Sauberes Wasser wollen wir schließlich alle. Einer entsprechenden Inwertsetzung der von den Kormoranen tatsächlich verursachten Verluste für die Fischerei und die Sportangler stehen somit massive finanzielle Interessen anderer Gruppierungen entgegen. Die veränderte Produktivität der Gewässer bleibt unberücksichtigt. Ein vernünftiger, den Gegebenheiten entsprechender Ausgleich hat sich nicht erreichen lassen, weder was die Fischerei noch die Jagd und Land- bzw. Forstwirtschaft betrifft.

Trotz der skizzierten Auswirkungen der Artenschutzbestimmungen auf der regionalen Ebene fordern nun die Naturschützer vehement die umfassende, weltweite Inwertsetzung der Arten, um sie zu erhalten. Gewertet werden sollen dabei insbesondere ihre Ökosystemleistungen, ihr Wert als Ziel des Naturtourismus oder auch ihr Bildungswert, was immer damit gemeint sein mag. Tatsächlich sind allerdings die meisten Arten, insbesondere die speziell unter Schutz gestellten, durch ihre Inschutznahme nicht auf-, sondern fast zur Wertlosigkeit abgewertet worden. Sie können nicht mehr gehandelt und verkauft werden; das gilt in der Regel sogar für die Federn geschützter Vögel oder die leeren Schalen unter Schutz gestellter Meeresschnecken. Wenn man eine alte, wirklich wertvolle zoologische oder botanische Sammlung besitzt, aber nicht alle entsprechenden Papiere für ihren legalen Erwerb vorhanden sind, ist es unter den gegenwärtigen Bedingungen fast besser, diese zu vernichten, als sie zum Beispiel an staatliche Museen zu verschenken. Denn was nicht mit Genehmigungspapieren ausgestattet ist, hat auch keine weitere Existenzberechtigung mehr.

Die jüngste Form der Inwertsetzung von Arten betrifft ihr »genetisches Potential«. Pflanzen und Tiere könnten ja noch unbekannte, später einmal vielleicht sehr wertvolle Eigenschaften in ihrem Erbgut tragen. Deshalb, so das Argument, täten Länder mit einer hohen Biodiversität gut daran, diese für die Zukunft zu erhalten. Auch dieser Vorschlag hört sich zunächst recht vernünftig an, erweist sich jedoch bei näherer Betrachtung als eine Art Falle, die eher zur Vernichtung von Arten als zu ihrer Erhaltung führen kann. Denn bereits heute argwöhnen Naturschützer und Behörden in Ländern mit hoher und weitgehend unerforschter Biodiversität, ausländische Forscher seien in erster Linie an diesen verborgenen genetischen Schätzen interessiert und gar nicht so sehr an der Erfassung und Beschreibung der Artenvielfalt selbst. Die Forschung ist deshalb in vielen Ländern derart erschwert worden, daß es kaum noch lohnt, diese Mühen auf sich zu nehmen. Dabei gibt es nach wie vor nur wenige Spezialisten, die in der Lage sind, unbekannte Arten zu entdecken, und ihre Zahl wird auch niedrig bleiben, da die entsprechende Ausbildung viel Zeit kostet und Studien in den großen Forschungsmuseen der Ersten Welt zur Voraussetzung hat. Während die Biodiversität in immer höherem Tempo vernichtet wird, schwindet die Anzahl der Experten, die sie erfassen könnten. Die bislang rein theoretische Chance, bestimmte Arten könnten ein lukratives genetisches Potential haben, hat sich zum Bumerang für ihre Erhaltung entwickelt.

Die Situation, die sich aufgrund der globalen Naturschutzbestrebungen in den letzten Jahrzehnten angebahnt hat, gleicht insofern in wesentlichen Zügen den Verhältnissen, die wir vom deutschen Artenschutz mit seinen vielen »Rote Liste«-Arten kennen. Es ist für den Besitzer einer Fläche besser, erst gar keine solchen Arten aufkommen zu lassen, da sie möglicherweise späteren Nutzungsänderungen, insbesondere Baumaßnahmen, entgegenstehen. Die Art der »Wertzuteilung«, die im Rahmen der Roten Listen und der Listen des Washingtoner Artenschutzübereinkommens vorgenommen wird, gilt es daher mit größter Skepsis zu betrachten, wenn es tatsächlich um die Erhaltung der entsprechenden Tiere und Pflanzen gehen soll.

»Sie kennen den Preis von allem und den Wert von nichts«, klagte in den siebziger Jahren, also zu Beginn des modernen Naturschutzes, der wortgewaltige Publizist Horst Stern. Die folgende Inwertsetzung ließ beide verfallen, den Preis und den Wert.

5 Quo vadis, Naturschutz?

Hauptsorgen

Ich habe in diesem Buch bisher ein düsteres Bild vom Zustand des Naturschutzes gezeichnet. Es ist zu düster ausgefallen, denn der Naturschutz kann auf beträchtliche Erfolge verweisen. Daß diese Verdienste zuwenig, viel zuwenig hervorgehoben werden, gehört anscheinend zum Wesen vieler Naturschützer. Beängstigende Entwicklungen und bedrohliche Zukunftsaussichten durchdringen ihre Denkweise und Aktivitäten. Oft heißt es, alles sei eigentlich noch viel schlimmer, weil wir nur einen Teil der beunruhigenden Trends überhaupt kennen. Doch wenn viele Naturschützer die Lage so einschätzen, muß man auch fragen, ob sich ihr Engagement eigentlich lohnt. Engagieren sie sich lediglich, um ihr eigenes Gewissen zu beruhigen? Nach dem Motto: »Wir haben wenigstens gewarnt und zu bremsen versucht, wo uns das möglich war.« Oder geht es ihnen um die Natur? Die Natur ist »gut«, und sie wäre noch viel besser, wenn es den Menschen nicht (mehr) gäbe. Daher schützen wir heute, was noch zu retten ist – für die Zeit »danach«.

Es ist ein Segen für die Gesellschaft, daß keineswegs alle diese pessimistische Sichtweise teilen, wir gerieten sonst in einen Sog der Verzweiflung. Wie im Spätmittelalter, als die Pest ganz urplötzlich zuschlug und schreckliche Naturkatastrophen die Menschen heimsuchten. Tatsächlich geht es uns besser als jemals zuvor in der Geschichte der Menschheit. Das gilt nicht nur für uns, hier in Mitteleuropa, sondern durchaus auch auf der globalen Ebene, selbst wenn nach wie vor Hunger und schlimmes Elend zu beklagen sind. Der Wohlstand steigt; die

Lebensmöglichkeiten verbessern sich. Doch genau dies verursacht, wie wir wissen, die größten Probleme für die Natur. Wenn alle der gegenwärtig nahezu sieben Milliarden Menschen das gleiche Wohlstandsniveau erreichen würden, wie es derzeit in Europa Standard ist, bliebe von der »Natur« fast nichts mehr übrig; das heißt: von einer Natur, die wir uns als unberührte Wildnis vorstellen. Es gäbe dann überall eine Natur wie bei uns, durch und durch durchdrungen von Kultur, geformt nach den Vorstellungen der Menschen, nahezu bis in die letzten Winkel genutzt und aufgeteilt in die unterschiedlichsten Besitz- und Nutzungsverhältnisse. Wie würde so eine Welt aussehen? Was würde die globale Europäisierung nach sich ziehen? Gewaltige Verluste an Arten?

Sehen wir uns die Verhältnisse bei uns an, so müssen wir zweierlei feststellen: Erstens ist der Verlust an Tier- und Pflanzenarten in Europa sehr gering ausgefallen. Es gibt bei uns gegenwärtig sogar mehr Arten als vor 100 Jahren. Zweitens haben sich im Vergleich zum (schwer zu fassenden) Naturzustand selbstverständlich sehr große Verschiebungen ergeben. Wo früher großflächig die ausgedehnten Wälder wuchsen, dominieren heute offene Fluren. Mit den Städten kam etwas Neues in die Natur Europas, das es zuvor nicht gegeben hatte. Doch selbst die Millionenstädte sind nicht frei von »Natur«, dort leben mehr unterschiedliche Pflanzen und Tiere als auf den landwirtschaftlich intensiv genutzten Flächen. Zugunsten der Natur wurden Gesetze erlassen, die auch das einzelne Tier vor Mißbrauch schützen. Betrachtet man allein die rechtliche Situation, so nähert sich der Tierschutz einem Niveau, das durchaus an die Vorstellungen gläubiger Hindus herankommt. Tiere werden als Mit-Lebewesen behandelt und nicht länger lediglich als Sachen im juristischen Sinn. Die allermeisten Menschen sind überzeugt, daß Naturschutz sinnvoll und notwendig ist. Die grundsätzliche Akzeptanz ist also gegeben. Es geht um die Durchführung, um Sinn und Zweck einzelner Maßnahmen, und längst nicht mehr ums Prinzip.

Für die Naturschützer stellt diese Situation eine Herausforderung dar, die Notwendigkeit ihrer Anstrengungen immer wieder zu begründen. Betroffen davon sind weniger die staatlichen Naturschützer, denn diese haben sich um die Bürokratie zu kümmern, sondern in erster Linie die Hunderttausenden von Privatpersonen, die sich für den Naturschutz engagieren. Ihre Organisationen müssen der Öffentlichkeit kontinuierlich Sinn und Zweck des Naturschutzes vermitteln, weil sie ihn in der pluralistischen Gesellschaft vertreten. Sie tragen die Kulturaufgabe Naturschutz, nicht die Behörden. Diese setzen um, was unter dem Druck der Öffentlichkeit in den Parlamenten an Gesetzen und Verordnungen erlassen worden ist. Doch je weniger Bürokratie und Aufwand dabei anfallen, desto klarer und überzeugender waren die Vorgaben. Und um so besser wird die Bevölkerung nachvollziehen können, daß die Regelungen notwendig sind. Am besten wäre es, wenn sich der Naturschutz gleichsam von selbst rechtfertigen würde. Denn was sich von selbst versteht, braucht keine gesetzlichen Festlegungen. Daß sich ein solcher Idealzustand nicht so ohne weiteres einstellt, liegt auf der Hand. Die Annäherung daran wird allerdings leichter, wenn die Ziele vernünftig und nachvollziehbar sind. Sie sollten aus sachlichen Analysen der gegebenen Verhältnisse hervorgehen. Ob die Methoden tauglich sind, sollte regelmäßig kritisch überprüft werden, und man muß sie möglichst rasch korrigieren, falls sie sich als nicht zielführend erweisen. An dieser Fähigkeit zur raschen Korrektur mangelt es derzeit im deutschen Naturschutz. Betrachten wir zusammenfassend die drei Kernbereiche des Naturschutzes, den Artenschutz, den Biotopschutz (Flächenschutz) und den Prozeßschutz, so treten die Probleme deutlich genug hervor.

Im Bereich des Artenschutzes ergibt die Bilanz, daß ihr Schutz den allermeisten formal geschützten Arten nichts gebracht hat. Sie blieben selten oder wurden gar noch seltener. Die wenigen Arten, deren Bestände sich erholten und während der Zeit des Schutzes zugenommen haben, gehören nahezu ausnahmslos zu der Gruppe der zuvor bejagten Vögel und Säugetiere. Erholt haben sich auch jene in und an Gewässern lebenden Arten, die sauberes, nährstoffarmes Wasser benötigen. Sie profitierten von Kläranlagen, also von Umweltschutzmaßnahmen, nicht vom Artenschutz an sich. Insgesamt werden, das zeigt das konkrete Beispiel Bayern, das als repräsentativ für das deutsche Binnenland gelten kann, von den fast 20 000 erfaßten Tier- und Pflanzenarten etwa 10 000 in einer der verschiedenen Kategorien der Gefährdung geführt. Nachhaltige Bestandserholungen gab es in den letzten dreißig bis vierzig Jahren allenfalls bei hundert Arten, also etwa einem Prozent. Würde es sich bei diesen nicht um auffällige Vögel und Säugetiere handeln wie den Biber, fiele dieses eine Prozent, das sich positiv entwickelt hat, in der Bilanz überhaupt nicht auf. Der Hauptgrund für die Unwirksamkeit des Artenschutzes bei der großen Mehrheit der Kleintiere und bei den weitaus meisten geschützten Pflanzenarten sind die Folgen von Land- und Forstwirtschaft. Auf sie entfallen zusammen über neunzig Prozent der Bestandsrückgänge von Flora und Fauna. Doch obwohl sie das Hauptproblem darstellen, blieben Land- und Forstwirtschaft von Anfang an vom Artenschutz ausgeklammert.

Der zweite große Problembereich ist die direkte Verfolgung, bei den größeren Arten hauptsächlich im Rahmen der Jagd. Die

Jäger halten zahlreiche Vögel und Säugetiere entweder »kurz« (im Zuge von Maßnahmen der jagdlichen »Regulierung« von Raubwild und Raubzeug) oder so scheu, daß die Tiere tatsächlich vorhandene Lebensmöglichkeiten nicht nutzen. Daß solche Arten sich immer häufiger im Bannkreis der Städte ansiedeln, ist ein Beleg für diesen Zusammenhang. Mit der Jagd eng verbunden ist die Fischerei, da sie in entsprechender Weise auf Ertrag ausgerichtet ist und »Fischfresser«, die die Erträge der Fischer mindern könnten, kurzhalten will. Durch umfangreiche Besatzmaßnahmen mit Nutzfischen, also die Aussetzung nachgezüchteter Fische, verschiebt die Fischerei permanent die Kräfteverhältnisse zugunsten ihrer Zielarten. Damit wird verhindert, daß die Fischfauna sich jenen Verhältnissen annähert, die den gegebenen ökologischen Zuständen der Gewässer entsprechen würden. Jagd und Fischerei können daher nach der Landwirtschaft zu einem zweiten Komplex zusammengefaßt werden. Ganz knapp dahinter liegen in dieser makaberen Tabelle aber die Maßnahmen des Natur- und Umweltschutzes. Wie dargelegt, verminderten oder verhinderten zahlreiche Einschränkungen oder Bestimmungen, etwa das Verbot von Kleinabgrabungen, die vorgeschriebenen Begrünungsmaßnahmen oder die Veränderungs- und sogar Betretungsverbote für Biotope die für die Aufrechterhaltung der Artenvielfalt notwendigen »kleinen Störungen«. Auch Umweltschutzmaßnahmen wirkten sich für viele Arten, die eigentlich geschützt werden sollten, sehr ungünstig aus; dasselbe gilt schließlich für den Artenschutz, der maßgeblich zum Rückgang des Interesses an den Tieren und Pflanzen in unserer Natur beitrug. Er hat sich somit als Hemmnis für die Freilandforschung kundiger Amateure und Wissenschaftler erwiesen.

Die Reinigung des Abwassers und andere Umweltschutzmaßnahmen werden allerdings von der Allgemeinheit gewollt. Interessenkonflikte gibt es also nicht allein auf den traditionell vieldiskutierten Feldern Jagd, Fischerei, Land- und Forstwirtschaft oder Tourismus. Gerade die Abwasserproblematik zeigt, daß die Setzung einer bestimmten Priorität zwangsläufig Einbußen in anderen Bereichen nach sich zieht.

Das größte Problem stellt jedoch die Tatsache dar, daß es viel zu viele und viel zu weitgehende Ausnahmen von den allgemeinen Bestimmungen des Artenschutzes gibt, so daß er, auf die Gesamtzahl der geschützten Arten bezogen, fast unwirksam geblieben ist. Von den Einschränkungen wurde mit den Naturfreunden ein bedeutungsloser Ausschnitt des Verursacherspektrums für die Artenrückgänge erfaßt. Zielkonflikte mit anderen Vorgaben sind, ich habe darauf am Beispiel der Wasserqualität hingewiesen, zahlreich. Die Hauptbetroffenen der Einschränkungen sind, wie schon mehrfach festgestellt, die Naturschützer selbst. Geht es so weiter mit dem Artenschutz, sind auch keine Verbesserungen oder gar Trendwenden zu erwarten. Im Gegenteil. Die negativen Entwicklungen werden sich fortsetzen.

Deutlich besser, wenngleich noch lange nicht wirklich zufriedenstellend, sieht die Lage im Bereich des Flächenschutzes aus. Von größeren Gebieten in Ostdeutschland abgesehen, einem Geschenk der »Wiedervereinigung«, das Westdeutschland eigentlich gar nicht verdient hatte, sind die meisten Naturschutzgebiete flächenmäßig zu klein und außerdem viel zu isoliert. Managementkonzepte, so überhaupt vorhanden, zielen fast ausnahmslos auf die Aufrechterhaltung eines bestimmten (Ausgangs-)Zustandes ab und nicht auf Entwicklungen mit hinreichend eigenständiger Nachhaltigkeit. Viele, viel zu viele Naturschutzgebiete sind gemäß der Inhalte ihrer Verordnungen Aussperrgebiete. Selbst Wegegebote, so notwendig sie im Einzelfall (!) auch sein mögen, stellen eine massive Einschränkung für den Naturgenuß dar. Die Natur wird dadurch zur Kulisse degradiert. Der an Wege und Pfade gebundene Besuch gleicht einem Gang durch Parkanlagen oder Museen (»Berühren verboten!«). Das Fernglas bietet einen eher schlechten Ersatz für die eigene Anschauung aus der Nähe. Nahaufnahmen von seltenen Tieren lassen sich daher am Bildschirm des Fernsehers oder Computers oft viel besser betrachten als die Tiere in der Natur selbst. Die Aussperrung, die Trennung der Menschen von der Natur gehört in unserer Zeit zu den größten Problemen des Naturschutzes. Sie ist nur dort und nur zu solchen Zeiten zu rechtfertigen, wo es wirklich (und für die Naturfreunde nachvollziehbar) um den Schutz vor Störungen oder Zerstörungen geht. Wären die Ausnahmen intuitiv plausibel, gäbe es auch keine Akzeptanzprobleme. Wo Sperrungen, Betretungsverbote und Wegegebote jedoch keinen ersichtlichen Grund haben, wird man solche Einschränkungen als unangemessen empfinden. Natur, die vorenthalten wird, eignet sich nicht dafür, das Anliegen des Naturschutzes zu verbreiten. Schließlich macht doch gerade die Fähigkeit der Pflanzen und Tiere, sich selbst zu erneuern, den entscheidenden Unterschied zum musealen Kunstwerk aus, das als Objekt in seiner Einmaligkeit Bestand haben soll und nicht beschädigt werden darf. »Naturschutzgebiet – Betreten verboten!« ist jedenfalls die schlechteste Werbung für den Naturschutz.

Auf die geringsten Akzeptanzprobleme sollte eigentlich der Prozeßschutz stoßen. Natürlich Prozesse einfach laufen zu lassen, wie sie eben laufen, wäre zweifellos das »natürlichste«, auch wenn die äußeren Rahmenbedingungen keine Natur im strengen Sinn mehr zulassen. Aber wie sah es denn aus in der Natur, bevor sich der Naturschutz ihrer annahm? Davon existiert kaum mehr als eine vage Vorstellung in den Köpfen mancher Menschen, die die Realität nicht sehen wollen. Die mitteleuropäischen Landschaften befanden sich im 19. Jahrhundert keineswegs in irgendeinem »Naturzustand«. Sie waren diesem auch nicht so nahe, daß sie heute als Referenz gelten könnten (»gelten« hier im Sinn von »Gültigkeit haben«). Daß Veränderungen unter den Bedingungen allgemeinen Mangels (wenn überhaupt) nur sehr langsam, kaum wahrnehmbar verlaufen, berechtigt nicht dazu, diesen historischen Zustand als »stabil« oder als »wünschenswert« zu bezeichnen. Mit viel Aufwand mag dieser frühere Zustand des Mangels wiederherzustellen sein. Eine solche Mangellandschaft, die Lüneburger Heide etwa, ist jedoch nichts »Natürliches«, sondern ein künstlich stillgestellter kulturhistorischer Zustand. Landschaftspflege wird somit zur Denkmalpflege. Dieses Vorgehen ist allerdings kein bißchen »naturgemäßer«, als der Natur einfach ihren Lauf zu lassen. Würde man die Lüneburger Heide nicht gleichsam konservieren, würde sie einfach zuwachsen. Der Natur ihren Lauf zu lassen würde freilich auch bedeuten, Waldbrände nicht zu bekämpfen und nichts gegen Borkenkäfer und andere Forstschädlinge zu unternehmen. Außerdem müßten prozeßgeschützte Wälder dem nicht länger bejagten (!) und gefütterten (!) Wild ebenso frei zugänglich sein wie wiederum das Wild den Luchsen und Wölfen.

Konsequent umgesetzter Prozeßschutz wäre wissenschaftlich hochinteressant, wobei sich, genaugenommen, die Frage stellt, ob Forschung dann zulässig wäre. Dürften Menschen solche Gebiete überhaupt betreten? Oder müßte man sich nicht auf einen Ring von Beobachtungs- und Kontrollposten sowie die Mittel der Fernerkundung verlassen, um herauszufinden, was drinnen vor sich geht? Wer den Menschen grundsätzlich als Störenfried betrachtet, muß zwangsläufig zu dieser Schlußfolgerung kommen – und als erstes sich selbst aussperren, um anderen ein Vorbild zu geben! Doch was wäre damit gewonnen?

Was hätte »die Natur« davon? Ist es überhaupt sinnvoll, diese Frage zu stellen? Kann »die Natur« von etwas profitieren? Oder lebt sie einfach, wie sie eben lebt, auch wenn das nicht unseren Vorstellungen entspricht? Der Prozeßschutz stößt im Zuge des Laufenlassens schneller an seine Grenzen, als seinen Verfechtern recht sein kann. Ein wesentliches Problem stellt der Umstand dar, daß die Gebiete hinreichend groß sein müssen, wenn die Prozesse darin wirklich unabhängig vom Menschen ablaufen sollen. Solche Gebiete gibt es in Mitteleuropa allerdings nicht, sie existieren nur noch in der nahezu menschenleeren Arktis, Antarktis und in wenigen Hochgebirgsregionen. Nicht einmal die weiten Urwaldgebiete Amazoniens sind von Menschen »unberührte« Wildnis. Das bedeutet wiederum, daß der Mensch als Teil dieser Prozesse betrachtet werden muß, zumindest jene Menschen, die sich für die Prozesse in der Natur interessieren und versuchen, mit wissenschaftlichen Mitteln herauszufinden, nach welchen Gesetzmäßigkeiten die Natur sich über die Zeit entwickelt. Solchen Interessen hat der Prozeßschutz zu dienen, und in Schweizerischen Nationalparks ist das heute schon so. Seit über hundert Jahren sind dort alle Nutzungen eingestellt. Bergwald und Wild können sich ohne Eingriffe des Menschen entwickeln. Intensive Forschungen begleiten diesen Prozeß. Selbstverständlich profitieren von solchen Bedingungen auch Tiere wie Hirsche und Füchse, bei entsprechender Lage und Größe des Gebietes unter Umständen auch Bären und Wölfe. In gewissem Sinne bietet der Prozeßschutz also den an der Natur interessierten Menschen die größten Chancen, eine Natur ohne menschliche Eingriffe erleben zu können. Sie haben dort die Gelegenheit, gleichsam selbst auf Zeit Teil der Natur zu werden. Die Erfahrungen mit Nationalparks, die diese Bezeichnung verdienen, zeigen, daß dieses Konzept richtig ist. Daraus lassen sich

Forderungen und Ziele ableiten, die ein besserer Naturschutz erfüllen und vertreten sollte. An diesen Forderungen und Zielsetzungen wird sich erweisen, ob die Kritik konstruktiv ist, ob es wirklich um bessere Konzepte für die Zukunft geht oder allein um ein fruchtloses Kritisieren um des Kritisierens willen.

Hauptziele

Artenschutz

Bisher ist es im Artenschutz gängige Praxis, zwischen den seltenen »Rote Liste«-Arten sowie den geschützten Arten auf der einen und allen übrigen Tieren und Pflanzen auf der anderen Seite zu unterscheiden. Dies impliziert zwangsläufig eine Spaltung in »gute«, »bedeutungslose« und »böse« Arten. Diese Spaltung gilt es zu überwinden, zumal viele Arten, die bei uns in den Roten Listen stehen, in anderen Ländern überhaupt nicht selten und bedroht sind. Es ist auch nicht einzusehen, weshalb *alle* Singvögel geschützt sein sollen, warum dies aber nicht für alle Kleinsäuger gilt und warum unter den Schmetterlingen zwar alle Schwärmer, nicht aber alle Zünsler geschützt sind, nur weil die Schwärmer groß und auffällig, die allermeisten Zünsler aber klein und unauffällig sind. Angesichts dieser unübersichtlichen Situation und der unüberschaubaren Vielzahl von Arten, die bereits in irgendeiner Form unter Schutz stehen, wäre es eigentlich folgerichtig, grundsätzlich alle Arten unter Schutz zu stellen und sie im Sinne des Tierschutzgesetzes zu behandeln: Keine Art soll ohne triftigen Grund verfolgt und dezimiert werden dürfen, alle Tiere und Pflanzen sind als Lebewesen gleich zu behandeln.

Ginge man von der Gleichheit aller Arten als moralischer Grundposition aus, bedürften alle Maßnahmen zur Bekämpfung bestimmter Schädlinge einer Begründung. In diesem Moment wäre dann nicht länger die interessierte Hinwendung zu bestimmten Tieren oder Pflanzen die Ausnahme, sie würde vielmehr zur Regel. Die wenigen Arten, die bekanntermaßen Schäden verursachen, könnten zusammen mit Formen der Bekämpfung, die keiner besonderen Genehmigung bedürfen, auf einer überschaubar kleinen Liste zusammengestellt werden, die man dann in angemessenen Zeitspannen überprüfen müßte. Denn eine Art, die zu einer bestimmten Zeit große Schäden verursacht, kann bald wieder selten und daher schutz»würdig« sein. Beispiele sind die früher so hartnäckig bekämpften Feldmaikäfer und -hamster oder die Kanadische Wasserpest. Auch die Ackerunkräuter, die inzwischen in »Ackerwildkräuter« umbenannt wurden und als schutzwürdig gelten, veranschaulichen diesen Punkt sehr gut.

Eine solche Vorgehensweise würde auch den unseligen Konflikt zwischen Naturschützern und Jägern um die »Jagdbarkeit« vieler Wildtierarten entschärfen, die ganzjährig geschützt sind und nicht bejagt werden dürfen. Auch hier hätte man nun eine handliche Liste mit den Wildarten, die für die jagdliche Nutzung freigegeben sind. Ähnlich verhielte es sich mit anderen Arten, die zwar aus nachvollziehbaren Gründen bekämpft werden können, die aber nicht unbedingt bekämpft werden müssen. Wer die Mäuse im Haus leben lassen will, wäre ja auch dann nicht dazu verpflichtet, überall Fallen aufzustellen, wenn diese Nager auf die Liste jener Tiere kämen, deren Verfolgung keiner Ausnahmegenehmigung bedarf. Auch die Diskussionen um die möglicherweise problematischen Auswirkungen von Pflanzenschutzmitteln für geschützte Arten, etwa Bienen, würden somit versachlicht. Bislang führt die Frage, ob bestimmte Maßnahmen, die sich beispielsweise gegen Wespen richten, möglicherweise auch Bienen betreffen, zu langwierigen und komplizierten Debatten. Ähnlich umstritten ist in der Regel der Einsatz von »Mückenmitteln« gegen Stechmücken, da niemand ausschließen kann, daß diese auch nichtstechende Zuckmücken oder die besonders stark gefährdeten Dunkelmücken treffen. Würde so vorgegangen, wie ich es beschrieben habe, ginge es nicht länger um eine willkürliche Unterscheidung in »gute«, schutzwürdige Arten und »schlechte« bzw. »bedeutungslose«, die bekämpft werden dürfen, sondern allein um die Frage, ob ein Mittel oder eine Maßnahme unbedenklich ist oder nicht.

Gelöst würde mit der Inschutznahme aller Arten und der Einführung des Prinzips des »vernünftigen Grundes« für Ausnahmen auch das hier bereits mehrfach angesprochene, leidige Problem, daß die Bestimmungen des Artenschutzes sich heute in der Regel vor allem gegen Naturfreunde richten, während die eigentlichen Verursacher von Artenrückgängen davon weitgehend ausgenommen sind. Schmetterlinge und Käfer zu fangen, sie zu studieren oder auch in althergebrachter Weise Sammlungen anzulegen würde dann keiner Genehmigung mehr bedürfen, weil vernünftige Gründe gegeben sind. Die Bestände von Arten, für die sich private Sammler interessieren, werden durch das Sammeln heutzutage genausowenig beeinträchtigt wie früher. Jedes Jahr fallen Milliarden und Abermilliarden Insekten, darunter auch viele Exemplare geschützter Arten, den Spritzmitteln der Land- und Forstwirte, dem Straßenverkehr, künstlichen Lichtquellen und anderen Ursachen zum Opfer. Diese Verluste übersteigen um das Vieltausendfache die wenigen Insekten, die durch das Sammelverbot »gerettet« wurden. Es läßt sich nicht nachweisen, daß die Sammelverbote den geschützten Arten geholfen haben, aber um so klarer ist, daß sie viele Naturfreunde von der genaueren Beschäftigung mit der Natur abgehalten haben. Ähnliches gilt für die private Haltung häufiger heimischer Vögel, ja man kann sagen: Alle Tier- und Pflanzenarten, mit denen sich Naturfreunde aufgrund von Artenschutzbestimmungen nicht länger beschäftigen durften, haben davon nicht profitiert, das heißt, sie treten heute nicht häufiger auf als früher. Der Verlust an Interesse für die Natur wiegt insofern eindeutig viel schwerer. Der Artenschutz kann es sich jedoch nicht länger leisten, daß die Begeisterung für Insekten, Lurche und andere Kleintiere noch weiter zurückgeht. Kindlich-jugendliche Neugier und forschendes Interesse sind triftige, vernünftige Gründe – sie einzuschränken ist pure Unvernunft.

»Rote Liste«-Arten sollten in Zukunft nicht länger instrumentalisiert werden dürfen, um ungeliebte Baumaßnahmen zu bekämpfen. Wenn in Einzelfällen besonders seltene Arten betroffen sind, geht es in aller Regel gar nicht um die Arten, sondern vielmehr um einen besonderen Lebensraum (eine Quelle, einen Bachlauf oder ein Hochmoor). Deswegen muß die Erhaltung und Sicherung solcher Biotope im Mittelpunkt stehen. Daß es Biotope gibt, die sich rasch verändern und dabei zeitweise speziellen Arten als Lebensstätte dienen, wissen die meisten Naturschützer. Das momentane Vorhandensein solcher Arten reicht nicht aus, um diese automatisch als Hauptargument gegen alle Veränderungen an diesem Ort zu verwenden. Die Stadien einer vorübergehenden Entwicklung, wissenschaftlich Sukzession genannt, sind nicht von Dauer. Vielfach ist es daher besser, an dafür geeigneten Stellen neue Sukzessionen zu starten bzw. ihr Zustandekommen zuzulassen, als eine laufende zu »stabilisieren«. Letzteres ist weniger natürlich, auch wenn das Vorgehen als Naturschutzmaßnahme ausgegeben wird.

Viele, sehr viele Arten sind weitaus flexibler als gemeinhin, insbesondere in Naturschutzkreisen, angenommen. Die enormen Widerstände gegen die Akzeptanz der Tatsache, daß ausgerechnet Großstädte artenreicher sein können als gleich große Flächen im Umland, zeigt, wie schwer sich die Vertreter der Naturschutzverbände tun, anzuerkennen, was Arten selbständig vollbracht haben, wenn es ihrer Ideologie nicht entspricht. Der Naturschutz muß gerade im Bereich des Artenschutzes zukünftig weit stärker die Reaktionen der Arten selbst zur Grundlage seiner Beurteilungen machen, auch wenn sie den vorgefaßten idealisierten Konzepten, deren er sich bedient, widersprechen sollten. Die Dynamik der Natur darf nicht zugunsten einer starren, statischen Haltung abgelehnt werden. Die Natur ist kein festes Gebäude mit festgelegten Zimmern und Nischen, in denen sich das Leben abzuspielen hat. Sie organisiert sich in ihren Abläufen selbst. Nur dank ihrer Veränderlichkeit konnte die Entwicklungsgeschichte, die Evolution, ablaufen und Neues hervorbringen.

Wenn Bilanz gezogen wird, sollten nicht länger allein die Abnahmen und Verluste dargestellt (und beklagt), sondern auch die Zunahmen und Zugewinne behandelt und gewichtet werden. So gibt es etwa in Bayern und der Schweiz heute etwa 15 Prozent mehr Brutvogelarten als gegen Ende des 19. Jahrhunderts. Solche Zugewinne geringzuschätzen oder gar zu verschweigen ist nicht redlich. Die Erfolge des Artenschutzes müssen viel stärker hervorgehoben werden als bisher, weil die anhaltenden Klagen über Verluste und das Jammern über die negativen Entwicklungen einem Eingeständnis des Scheiterns gleichkommen. Damit wird jedoch der Eindruck erweckt, Naturschutz sei sinnlos. Das dem nicht so ist, zeigen gerade die Erfolge im Artenschutz, denn wer hätte vor dreißig Jahren auf ein Comeback von Adlern und Kranichen, Störchen und Reihern, Falken und raren Entenvögeln oder Wölfen, Luchsen und Bären gewettet?

Biotopschutz
»Dreißig Prozent unseres Landkreises sind geschützt!« So oder ganz ähnlich loben sich Politiker gerne in ihren Sonntagsreden. Was unter »Schutz« in diesem Zusammenhang zu verstehen ist, wissen sie allerdings meist selbst nicht so genau. Denn bei den großflächigen Landschaftsschutzgebieten bedeutet »geschützt« meist nur, daß bestimmte Bau- und Entwicklungsmaßnahmen nicht oder nur unter Auflagen durchgeführt werden dürfen, damit das Landschaftsbild erhalten bleibt. Mit Naturschutz im engeren Sinn hat das häufig recht wenig zu tun. Wenn mehrmals im Jahr Güllefluten das Grünland überschwemmen, gehen Pflanzen und Tiere weit stärker zurück, als wenn im selben Gebiet eine moderne, großräumige Industrieanlage gebaut würde. Eine solche Anlage stellt in der Regel keine große Belastung für Böden und Grundwasser dar, führt aber oft zur Entstehung nährstoffarmer (»magerer«) Flächen, die nicht bewirtschaftet werden. Insofern verstößt die Baumaßnahme zwar gegen die Ziele des Landschaftsschutzes, mit denen des Biotop- und Artenschutzes ist sie allerdings sehr wohl vereinbar. Das beste Beispiel dafür ist die oben beschriebene Ansiedlung seltener Arten auf dem Gelände des Münchener Großflughafens. Der Landschaftsschutz hingegen wäre im Bereich der Denkmalpflege viel besser aufgehoben, da Landschaften bei uns nun einmal in aller Regel Kulturlandschaften sind. Sie zu erhalten gehört somit ganz direkt zur Landeskultur, die nicht an den Stadtgrenzen oder mit den letzten Häusern des Dorfes endet. Wenn in dieser Weise klar zwischen geschützten Kulturlandschaften und eigentlichen Naturschutzflächen unterschieden würde, die nicht land- oder forstwirtschaftlich genutzt werden dürfen, wäre auch viel besser sichtbar, wie winzig klein letztere eigentlich sind. Sie bewegen sich im Bereich von einem Prozent oder weniger. Das weitaus

wichtigere hoheitliche Instrument zur Erhaltung von Biodiversität im Vergleich zu den Landschaftsschutzgebieten stellen daher die Naturschutzgebiete dar. In ihnen soll(te) die Natur Vorrang vor Nutzungen haben, die das Schutzziel beeinträchtigen. Entscheidet man sich dafür, das betreffende Gebiet als »Biotop« zu erhalten, gilt es vorab zu klären, auf welche Weise sich die Formen der Bewirtschaftung, die den schutzwürdigen Zustand hervorgebracht haben, erhalten oder wodurch sie sich ersetzen lassen. Handelt es sich um ein Schutzgebiet für seltene Pflanzen, kommt der früheren Bewirtschaftung zumeist auch weiterhin die entscheidende Rolle für die Erhaltung der entsprechenden Arten zu. Das in Schutz genommene Gebiet einfach zuwachsen zu lassen ist für die betreffenden Pflanzen gewiß keine gute Lösung. Das gilt erst recht, wenn es außerdem für Naturfreunde gesperrt wird. Ein Vogelschutzgebiet hingegen sollte dem Schutz der Vögel dienen. Bleiben darin weiterhin Jagd und Angelsport erlaubt und wird nicht einmal die Brutzeit der Vögel davon freigehalten, verdient es die Bezeichnung Schutzgebiet nicht.

Die Gleichbehandlung aller Interessengruppen (Jäger, Fischer, Naturfreunde etc.) muß das neue Grundprinzip des Flächenschutzes werden. Es ist nicht einzusehen, daß zwar gejagt und gefischt werden darf, daß die Naturfreunde jedoch wegen vager »Störungen« ausgesperrt bleiben. Wenn der Besitz einer Angelkarte vom örtlichen Verein genügt, um freien Zugang zu einem Wasservogelschutzgebiet zu bekommen (und die dortigen Gewässer mit Booten befahren zu dürfen), ist es absolut ungerechtfertigt, daß Naturfreunde »Ausnahmegenehmigungen« beantragen müssen. Das Interesse an der Natur muß genügen, um freien Eintritt zu bekommen.

Um es nochmals zu bekräftigen: Die Naturschutzverordnungen müssen sicherstellen, daß Naturfreunde nicht benachteiligt werden. Da sie das größte Interesse am Flächenschutz haben, sollten sie vielmehr privilegiert werden. Praktisch könnte das etwa so aussehen, daß die Verwaltungen (staatlicher) Naturschutzgebiete, die oft mit privaten Verbänden zusammenarbeiten, auf Hinweisschildern angeben, welche Kooperationspartner es in einem konkreten Fall gibt. Der Mitgliedsausweis würde vor Ort dann als eine Art Eintrittskarte gelten. Aus Sicht der Naturschutzverbände wäre es attraktiv, sich an solchen Projekten zu beteiligen, weil diese ihren Mitgliedern unmittelbar zugute kämen. Die Naturfreunde würden damit sozusagen den Sportfischern gleichgestellt, die für ihren Einsatz in den entsprechenden Vereinen mit privilegierten Angelmöglichkeiten belohnt werden. Es gibt also gute Gründe, weshalb gerade auf dem Land die Angelsportvereine oft viel mehr Mitglieder haben als die Naturschutzverbände. Doch solange die Naturfreunde für ihre Mühen lediglich mit frustrierenden Erfahrungen »belohnt« werden, wird sich der Zulauf neuer Mitglieder in Grenzen halten. Dabei hat unser bedeutendster Naturschützer, Bernhard Grzimek, uns doch vorgemacht, wie man im Naturschutz Erfolg haben kann. Er schuf in Afrika die schönsten Wildreservate und sorgte dafür, daß sie den Menschen offenstehen, die sich für Wildtiere und ihren Lebensraum interessieren. Der Tod seines Sohnes Michael im Einsatz für die Wildtiere Afrikas war nicht umsonst. Die Serengeti ist nicht gestorben. Es gibt dort jetzt viel mehr Wildtiere als zu Grzimeks Lebzeiten. Von den Grzimeks und von Afrika können wir lernen. Wir sollten diese Möglichkeit wahrnehmen.

Ein Schritt, den Grzimeks Beispiel für die Zukunft nahelegt, besteht im Aufbau eines flächendeckenden Systems privater Naturschutzgebiete. Vorbilder hierfür gibt es in anderen Ländern genug. So besitzen zum Beispiel die amerikanische Audubon-

Gesellschaft und die britische Vogelschutzgesellschaft (RSPB) eine Vielzahl eigener Vogelschutzgebiete. Wenn die Gebiete den Verbänden tatsächlich gehören, läßt sich, ganz anders als in staatlichen Schutzgebieten, genau das verwirklichen, worum es dem Verband geht. Ein Gänseschutzgebiet ist dann eben für die Gänse da, die einen sicheren, jagd- und verfolgungsfreien Brut-, Rast- oder Überwinterungsplatz haben sollen. In der Sicherheit diese Schutzgebiete verlieren die Vögel ähnlich wie in den Parkanlagen der Großstädte ihre Scheu. Die Besucher können die Tiere dann wesentlich besser und aus geringerer Distanz beobachten als in unseren Naturschutzgebieten, in denen die Furcht vor dem Menschen das Verhalten der Vögel bestimmt und so das Vergnügen der Naturfreunde mindert. Daß sich beispielsweise Gänsesäger in der Gegenwart von Menschen, die ihnen nicht nachstellen, durchaus wohl fühlen, kann man im Frühsommer an den Isarufern südlich von München beobachten, wo sich die Weibchen mit ihrer Jungenschar unter die erholungssuchenden Badegäste mischen.

Die privaten Naturschutzgebiete sind die Alternative zu den staatlichen Schutzgebieten und zugleich eine große Herausforderung für letztere. Es gibt aber noch einen weiteren Grund, der für den Ausbau privater Naturschutzgebiete spricht: In ihren eigenen Gebieten könnten die Verbände ihre Forderungen nämlich in die Praxis umsetzen und zeigen, was sie unter Naturschutz verstehen. Dadurch würde sich bald herausstellen, welche Vorgehensweisen besonders gut funktionieren. Das Prinzip, nach dem das Bessere der Feind des Guten ist, würde sich dann bald wie von selbst durchsetzen. Eine solche Konkurrenz täte den staatlichen Naturschutzgebieten nur gut. Möglicherweise würden die Behörden dann sogar manche geschützte Fläche lieber freiwillig in die Hände privater Verbände geben, als länger öffentlich für die oft unbefriedigenden Resultate der eigenen Anstrengungen geradestehen zu müssen. Im Gegensatz zu staatlichen Behörden wären die Verbände außerdem nicht gezwungen, einen Ausgleich zwischen den verschiedenen Interessengruppen herzustellen und damit die Ziele des Naturschutzes zu verwässern.

Es gibt eine Reihe solcher Ansätze, sehr vielversprechende sogar. So hat beispielsweise der Landesbund für Vogelschutz in Bayern (LBV) zwischen Oktober 2008 und September 2009 für 1,2 Millionen Euro neun Gebiete mit einer Gesamtfläche von 130 Hektar erworben. Doch wäre ein bundesweites System privater Schutzgebiete wirklich finanzierbar? Warum denn nicht? Was in England funktioniert, müßte doch auch in Deutschland möglich sein! Bereits ein kurzer Blick auf die Finanzsituation der großen deutschen Naturschutzverbände zeigt, daß es sich dabei keineswegs um eine bloße Wunschvorstellung handelt. Allein den großen Verbänden wie BUND, NABU und WWF stehen jährlich über hundert Millionen Euro an Mitgliedsbeiträgen und Spenden zur Verfügung; staatliche Zuschüsse nicht eingerechnet. Selbst wenn davon etwa ein Fünftel in die Finanzierung der jeweiligen Organisation fließt, bleibt doch genug Geld übrig, mit dem man mittel- und langfristig Flächen erwerben, gestalten und zu einem Netzwerk privater Schutzgebiete ausbauen könnte. Überzeugt das private Schutzgebietssystem dann mit vernünftigen Konzepten und praktischen Erfolgen, werden mit Sicherheit bald größere Spenden folgen.

Ein Musterbeispiel für eine sehr große private Investition zugunsten des Schutzes heimischer Wildtiere, die sich an die interessierte Öffentlichkeit richtet, ist die Deutsche Wildtier Stiftung in Vorpommern. Das Privatschutzgebiet in den »Brohmer Bergen« beweist, daß es in Deutschland Mäzene gibt, die mit ihren

Mitteln einzigartige Vorranggebiete für die Natur, speziell für die größeren Wildtiere, schaffen können. Solche Gebiete, das zeigen etwa die Projekte der britischen RSPB, müssen außerdem keineswegs riesengroß sein. Es hängt immer von den spezifischen Gegebenheiten ab, was man aus einer Fläche machen kann. Was wissenschaftlichen Gesellschaften wie der Bayerischen Botanischen Gesellschaft mit ihrem Pflanzenschutzgebiet auf der Garchinger Heide gelingt, sollte auch vielen anderen wissenschaftlichen und populärwissenschaftlichen Organisationen möglich sein. Der Phantasie sind hier keine Grenzen gesetzt. Wie viele gute Ideen auf der Grundlage kleiner privater »Schutzgebiete« entstehen können, zeigen doch längst die Privatgärten in den großen Städten. Die Fülle der Arten, die dort leben, wäre ohne die Möglichkeiten, die ihnen diese Gärten bieten, gar nicht denkbar. Ihre Qualität hängt mit der Freude zusammen, die sie den Menschen vermitteln, die diese Gärten gestalten und pflegen. Wir können diese Freude auch Liebe zur Natur nennen. Sie äußert sich auf allen Ebenen und in allen erdenklichen Größenordnungen. Früher schufen sich die landbesitzenden Adeligen ihre privaten Jagd- und Schutzgebiete. Heute erhält der Tourismus die Nationalparks und Großschutzgebiete bei uns am Leben. Dasselbe gilt für den Ferntourismus und die großen Nationalparks auf anderen Kontinenten. Daß Mitteleuropäer in andere Länder oder gar in ferne Kontinente reisen müssen, wenn sie größere Wildtiere, die es auch bei uns gibt, aus der Nähe erleben möchten, drückt augenfällig aus, wo hierzulande die größten Mängel des Naturschutzsystems liegen. Ein in der Fläche umfassend präsenter privater Naturschutz, getragen von unterschiedlichsten Akteuren, könnte – und sollte – das unverzüglich ändern.

Prozeßschutz
Im Vergleich zu diesen Kernstücken (dem effizienteren Naturschutz, dem sinnvolleren Artenschutz und einem attraktiven Gebietsschutz) tritt das dritte Ziel geradezu in den Hintergrund. Es betrifft den Prozeßschutz. Wir brauchen in der Tat Referenzgebiete, in denen wir der Natur »freien Lauf« lassen. Wir brauchen sie, weil wir durch sie die Vorgänge in der Natur besser verstehen können. Daher sollten Flächen, auf denen der Prozeßschutz verwirklicht wird, vorrangig der Forschung in der freien Natur dienen. Die Befunde, die dort gewonnen werden, ermöglichen zuverlässigere Aussagen über »natürliche« Prozesse als die eher hypothetischen Vergleiche mit den Verhältnissen des 19. Jahrhunderts. Die Vorgänge darin zeigen gleichsam, wohin die Reise der Natur in unserer Zeit ginge, würden die Menschen nicht permanent eingreifen und Dinge verändern. Die entsprechenden Gebiete würden sich mit großer Wahrscheinlichkeit nicht in den Zustand zurückentwickeln, der dort vor über hundert Jahren herrschte, sondern den Trend unserer Zeit offenlegen. Sie würden auch unterstreichen, daß es heute keine isolierte Natur mehr geben kann. Gerade in einer Zeit, in der sich viele Menschen vor den Folgen des Klimawandels fürchten, könnten diese sich selbst überlassenen Flächen besser als alle Modelle sichtbar machen, wie schnell und in welche Richtung die von Wetter und Klima verursachten Veränderungen laufen. Die wissenschaftlich-ökologische Forschung hat wiederholt solche Referenzflächen gefordert, die übers ganze Land verteilt alle Grundtypen von Biotopen repräsentieren sollen, war damit aber bislang weitgehend erfolglos. Man hat vor allem auf die Entwicklung theoretischer Modelle gesetzt, als ob man sich vor den konkreten Fakten fürchten würde. Doch jedes theoretische Modell kann unzutreffend sein und rasch wieder in

Vergessenheit geraten. Was wirklich passiert, zeigt am besten die Natur.

Zukunft

Die hier präsentierten Vorschläge für einen grundlegenden Wandel im deutschen Naturschutz sind mehr als nur ambitioniert. Sie kommen einer Revolution gleich. Die Erfahrungen, die ich in fast fünfzig Jahren als aktiver Naturschützer gemacht habe, geben wenig Anlaß zu der Hoffnung, daß sich Entscheidendes zugunsten des Naturschutzes ändert, wenn alles so weiterläuft wie bisher. Es ist sehr wahrscheinlich, daß sich die unterschiedlichen Interessengruppen gegen jede Form des Wandels sperren werden. Schließlich würde ein Strategiewechsel bedeuten, vieles von dem, was man bislang für richtig hielt, zu relativieren oder gar zuzugeben, daß zahlreiche Maßnahmen weitgehend oder ganz ohne Wirkung geblieben sind. Wirklicher Wandel würde einer Art Selbstüberwindung des Naturschutzes gleichkommen. Noch heute bestimmt die alte, auf Rousseau und die Romantik zurückgehende Naturauffassung den Kurs. Man darf nicht vergessen, daß dieses Denken sich schon vor über 200 Jahren der Aufklärung widersetzte. Rousseaus Position, nach der es nicht auf das Verhalten und seine Ergebnisse ankomme, sondern allein auf die Motive, herrscht auch heute wieder vor. »Wer Gutes will, liegt selbst dann richtig, wenn das Ergebnis falsch ist«, hieß das bei Rousseau im Klartext. Kant hingegen hatte Aufklärung definiert als den »Ausgang aus der selbstverschuldeten Unmündigkeit«. Der Naturschutz muß seine Selbstentmüdigung überwinden, wenn er seine Glaubwürdigkeit verteidigen und erfolgreich für die Natur arbeiten möchte. Nur dann wird er eine Zukunft haben – genau wie die Natur, die er schützen und fördern möchte.

Die Natur, vertreten durch die Pflanzen und Tiere und ihre besonderen Lebensstätten, die Biotope, sollte das letzte Wort haben, wenn Naturschützer vorgeben, es gehe gerade um sie. An dieser Stelle muß immer wieder kritisch nachgehakt werden: Steht bei den Aktivitäten der Naturschützer wirklich immer das Wohl der Pflanzen und Tiere im Vordergrund? Oder werden diese lediglich vorgeschoben, um egoistische Interessen bestimmter Akteure zu verschleiern? Es wäre sehr aufschlußreich, einmal vorbehaltlos zu untersuchen, in welchen Stellungnahmen des staatlichen Naturschutzes und der anerkannten, in den Verfahren angehörten Verbände es wirklich um Naturschutzfragen ging. Man kann davon ausgehen, daß der Widerstand gegen bestimmte Projekte in vielen Fällen von Menschen und Bürgerinitiativen getragen wurde, die aus zwar verständlichen, aber nichtsdestotrotz privaten Gründen gegen Bau- und andere Veränderungsmaßnahmen waren. Von diesem Beigeschmack muß sich der Naturschutz befreien, da er sonst weiter an Glaubwürdigkeit verliert. Bisher erzielen die Naturfreunde oft kurzfristige Erfolge, die dann aber mittelfristig zu einem Vertrauensverlust führen, der schwerer wiegt als ihre Verdienste für die Natur. Auch aus diesem Grund plädiere ich dafür, den Landschaftsschutz dem Denkmalschutz zuzuordnen. Es handelt sich dabei schließlich in der Regel um Kulturlandschaften, deren Erhaltung ein unverzichtbarer Bestandteil der Kulturpolitik sein sollte. Wir entwickeln enge Bindungen an die Landschaft, in der wir aufwachsen. Sie ist unsere Heimat. Wenn wir diese schönen Landschaften schützen wollen, so nicht aus Sentimentalität oder Nostalgie, sondern weil wir erkannt haben, wie wertvoll sie für uns sind. Was wir Menschen als Störung des natürlichen Haushaltes wahrnehmen, wird »der Natur« gänzlich gleichgültig sein. Die Natur beurteilt nämlich nichts, sie ist einfach, wie sie ist. Wir Menschen projizieren in die entsprechenden Landschaften ihre, genauer: unsere Geschichte hinein. In einem richtig verstandenen Landschaftsschutz verbindet sich somit der Respekt vor dem Bewährten der Vergangenheit mit der Offenheit für die Zukunft.

Zukunftsträchtiger Naturschutz muß zuverlässig sein. Er braucht überzeugende, sachliche Argumente und nachweisbare Erfolge. Erfolgskontrolle darf kein Lippenbekenntnis oder ein eher lustlos betriebenes Anhängsel bleiben. Wir müssen unser Tun an den Ergebnissen messen, nicht an den Absichten. Die romantische Sichtweise Rousseaus ist Geschichte. In der Gegenwart stellt sie ein Hindernis bei der Bewältigung der großen Aufgaben dar, vor denen wir stehen.

Soll das bedeuten, daß wir uns beim Einsatz für den Erhalt der Natur von kalter Sachlichkeit und nicht von Emotionen leiten lassen sollen? Einerseits ja, andererseits nein. Diese Position mag auf den ersten Blick unentschlossen oder gar hilflos wirken. Man kann sie jedoch mit vollem Ernst vertreten. Es geht schließlich um zwei ganz unterschiedliche Aspekte des Naturschutzes: um die Motive und die »Verfahren«, also die Vorgehensweise. Diese sollte tatsächlich so sauber und sachlich betrieben werden wie möglich. Wer hier mit falschen Zahlen oder unbegründeten Argumenten spielt, schadet dem Anliegen, auch wenn es noch so »gut gemeint« sein mag. Die persönliche Motivation aber nährt sich aus der glühenden Begeisterung, dem »heißen Herzen«, und nicht aus dem nackten Kalkül einer Bilanz, die sich aus Zahlen zusammensetzt – auch wenn die Zahlen in diesem Fall für Arten stehen, mit denen wir uns verbunden fühlen. In einer pluralistischen Gesellschaft können nun einmal alle Gruppen Wünsche äußern, sich für ihre Bedürfnisse einsetzen und fordern, daß diese berücksichtigt werden. Deshalb sollten wir selbstbewußt auftreten und offen sagen, warum wir uns engagieren: »Wir wollen, daß die Blaukehlchen in der Au überleben, weil wir uns daran erfreuen und weil wir sie unseren Kindern und Enkeln zeigen wollen. Sie stellen aus unserer Sicht einen Wert dar, und wir müssen uns für diese Einschätzung niemandem gegenüber rechtfertigen.« »Wir, die Naturschützer, wollen die Enziane und Steinböcke in den Bergen erleben und nicht, daß sie dem Skizirkus und den Seilbahnen zum Opfer fallen.« »Wir setzen uns für den Erhalt der Natur ein, weil *wir* sie schätzen!« So sollten die Kernaussagen des Naturschutzes lauten. Wir sollten nicht auf Argumente setzen wie jene, daß die Rettung der Natur letztendlich die Menschheit retten soll oder daß der »Haushalt der Natur« dieses oder jenes verlangt. Denn wer nimmt uns solche Argumente heute noch ab? Wir Naturfreunde müssen wieder den Mut und das Selbstbewußtsein finden, unsere Anliegen als *unsere* Anliegen zu vertreten. Die anderen gesellschaftlichen Gruppen tun dies ja auch. Wenn Fußballfans den Bau eines modernen Stadions fordern, schieben sie nicht universelle Werte wie die Völkerverständigung vor. Auch Jäger, Fischer, Land- und Forstwirte zögern nicht, offensiv für ihre Interessen einzutreten.

Nur die Naturschützer glauben, sie müßten so tun, als ginge es bei der Erhaltung vermeintlich oder tatsächlich vom Aussterben bedrohter Arten um die Rettung der ganzen Welt. Doch das ehrliche Bekenntnis »Wir wollen das! Wir wollen nicht, daß all diese einzigartigen Arten aussterben!« bringt dem Naturschutz gewiß weit mehr Verständnis ein als all jene Weltuntergangsszenarien, die klingen, als seien sie der Offenbarung des Johannes entsprungen. Aus diesem Grund plädiere ich dafür, den

Naturschutz nicht durch eine Inwertsetzung aller Naturgüter und -bestandteile zu entwerten. Horst Stern hat die Lage schon vor einem Vierteljahrhundert in dem bereits zitierten Satz auf den Punkt gebracht: »Sie kennen den Preis von allem und den Wert von nichts!« Wer schließlich, wie ich es so nachdrücklich empfohlen habe, Flächen erwirbt, um sie als Lebensraum den Tieren und Pflanzen zu widmen, wird jene Nachahmer finden, die der Naturschutz so dringend braucht. Wer die Natur für die Menschen sperrt, wird hingegen Ablehnung erzeugen. Lippenbekenntnisse für die Natur bringen nichts. Sie verschleiern die Wirklichkeit wie Sonntagsreden, die an den Wochentagen gleich wieder Lügen gestraft werden.

In diesem Sinn plädiere ich für einen Naturschutz, der von innen kommt und nach außen ehrlich, offen und zuverlässig vertreten wird. Die Stimmen von Millionen Menschen werden sich dann auch Gehör und Beachtung verschaffen. Wir brauchen eine neue Begeisterung für die Natur; wir brauchen aber auch mehr Sachlichkeit bei der Verfolgung unserer Ziele.

Nachwort

Millionen Menschen kämpften in der Vergangenheit für die Erhaltung der Natur, und ihre Bemühungen werden fortgesetzt. Ihre Erfolge sind weder die Summe ihrer Bemühungen noch der Durchschnitt und schon gar nicht der kleinste gemeinsame Nenner der unterschiedlichen Interessengruppen und widerstreitenden Ziele. Es handelt sich vielmehr um eine breite Bewegung, um einen Strom. Keiner der Beteiligten kann für sich in Anspruch nehmen, den besten Naturschutz zu vertreten oder zu praktizieren, selbst wenn er noch so überzeugt davon sein mag, richtigzuliegen. Auch mein Essay bringt meine persönliche Sichtweise zum Ausdruck, eine Sichtweise, die auf den Erfahrungen basiert, die ich in vielen Jahren des Einsatzes für die Natur gemacht habe. Bereits als Jugendlicher habe ich für ein großes Naturschutzgebiet an den Stauseen am unteren Inn gekämpft. Heute gibt es dort die »Vogelfreistätte Unterer Inn«. Dieses grenzüberschreitende Schutzgebiet wurde als »Feuchtgebiet von internationaler Bedeutung« und als »Europareservat« ausgezeichnet. Dennoch findet auch in dieser Freistätte bis heute kein wirklich wirkungsvoller Naturschutz statt, da die Problematik der Angelfischerei nicht gelöst werden konnte.

Dreißig Jahre lang lehrte ich Naturschutz an der Technischen Universität München. Ich saß im Vorstand mehrerer Naturschutzorganisationen und war in deren wissenschaftlichen Beiräten aktiv. Jahrelang wirkte ich in der Kommission für Ökologie der Internationalen Naturschutzunion (IUCN) mit und lernte dabei die globalen Aspekte und Probleme des Naturschutzes kennen. Als »Botschafter der Wildtiere« setze ich mich derzeit für die viel zuwenig beachtete heimische Tierwelt ein. Dennoch beanspruche ich nicht für mich, daß meine Überlegungen die (einzig) richtige Position zu Zustand und Zukunft des Naturschutzes in Deutschland darstellen. Mir geht es vielmehr darum, eine längst überfällige Diskussion anzustoßen und gemeinsam mit den vielen aktiven Naturschützern die beste Vorgehensweise für die Zukunft zu erarbeiten. Meinen Beitrag hierzu möchte ich als konstruktive Kritik verstanden wissen. Denn nach wie vor bin ich durch und durch Naturschützer, auch wenn ich zugeben muß, daß manches, was ich früher vertreten habe, meiner heutigen Sicht nicht mehr entspricht. Warum das so ist, ergibt sich aus der Natur der Wissenschaft: Wir lernen eben dazu. Und wir müssen aus diesem Lernprozeß die richtigen Lehren ziehen. Als Evolutionsbiologe kann ich keine statische Sichtweise vertreten, obgleich ich den Wunsch nach Beständigkeit verstehe. Er entspringt unserer Natur. Wir stemmen uns gegen den Wandel und können ihn doch nicht aufhalten. Wir wissen das auch, und deshalb brauchen wir immer wieder einen Neuanfang. Auch im Naturschutz. Naturschutz funktioniert nur mit Begeisterung. Permanentes Wehklagen darüber, daß doch alles schlechter wird, bringt uns nicht weiter. Das Leben selbst gibt uns den Optimismus, es immer wieder aufs neue zu versuchen. Es hat sich schließlich gegen alle Widrigkeiten durchgesetzt. Daher muß der Naturschutz beim Leben beginnen, nicht beim (Aus-)Sterben der Arten und beim Schwinden der Biotope. Der Einsatz für die Natur lohnt. Das habe ich in fünfzig Jahren als Naturschützer gelernt.

München, Februar 2010 *Josef H. Reichholf*

Literaturempfehlungen

Es ist weder angebracht noch möglich, hier eine einigermaßen umfassende Bibliographie zum Naturschutz zu geben. Aus guten Gründen habe ich im Text nichts und niemanden zitiert. Die Auswahl wäre zu subjektiv ausgefallen. Die gegenwärtig, im Jahr der Biodiversität 2010, wieder verstärkt geführte Diskussion um die Erhaltung der Lebensvielfalt zeigt, daß sich immer mehr Menschen um den Fortbestand des Lebens auf der Erde sorgen. Dabei geht es nicht allein um die Erhaltung von Elefanten und Tigern, Walen und Orchideen, sondern um die Vielfalt, die Biodiversität als Ganzes und die Lebensbedingungen auf der Erde. Naturschutz und Umweltschutz gehen daher ineinander über, ohne daß man klar angeben könnte, wo die Grenze liegt. Deshalb ist es so gut wie unmöglich, auch nur eine kleine Auswahl an Büchern zum Thema zu präsentieren, zumal es mit Sicherheit zu allen vertretenen Standpunkten die vielfältigsten Gegenpositionen gibt, die darzustellen die Fairneß gebieten würde. Daher halte ich es für sinnvoller, auf eine Literaturübersicht zu verzichten; und zwar auch, um nicht den Anschein zu erwecken, die zitierten Autoren teilten meine Meinung. Vieles von dem, was ich in diesem Buch nur angedeutet habe, kann der interessierte Leser jedoch in meinen früheren Veröffentlichungen ausführlich nachlesen. Dazu zählen:

– *Der Tropische Regenwald*, Frankfurt am Main: S. Fischer 2010.
– *Comeback der Biber. Ökologische Überraschungen*, München: C. H. Beck 1992.
– *Der Tanz um das goldene Kalb. Der Öko-Kolonialismus Europas*, Berlin: Wagenbach 2004.

- *Die Zukunft der Arten. Neue ökologische Überraschungen*, München: C. H. Beck 2005.
- *Stadtnatur*, München: oekom 2007.
- *Eine kurze Naturgeschichte des letzten Jahrtausends*, Frankfurt am Main: S. Fischer 2007.
- *Ende der Artenvielfalt?*, Frankfurt am Main: S. Fischer 2008.
- *Stabile Ungleichgewichte. Die Ökologie der Zukunft*, Frankfurt am Main: Suhrkamp 2008.

edition unseld
Das erste Programm

Sa Mitchell. Komplexitäten. Warum wir erst anfangen, Welt zu verstehen. Aus dem Englischen von Sebastian Vogel. eu 1. 173 Seiten

Robert B. Laughlin. Das Verbrechen der Vernunft. Betrug an der Wissensgesellschaft. Aus dem Englischen von Michael Bischoff. eu 2. 159 Seiten

Rolf Landua. Am Rand der Dimensionen. Gespräche über die Physik am CERN. eu 3. 105 Seiten

Wolf Singer/Matthieu Ricard. Hirnforschung und Meditation. Ein Dialog. Aus dem Englischen von Susanne Warmuth und Wolf Singer. eu 4. 133 Seiten

Josef H. Reichholf. Stabile Ungleichgewichte. Die Ökologie der Zukunft. eu 5. 138 Seiten

Bernard Stiegler. Die Logik der Sorge. Verlust der Aufklärung durch Technik und Medien. Aus dem Französischen von Susanne Baghestani. eu 6. 183 Seiten

Durs Grünbein. Der cartesische Taucher. Drei Meditationen. eu 7. 143 Seiten

Dietmar Dath. Maschinenwinter – Wissen, Technik, Sozialismus. Eine Streitschrift. eu 8. 130 Seiten

edition unseld
Das zweite Programm

Olaf Breidbach. Neue Wissensordnungen. Wie aus Informationen und Nachrichten kulturelles Wissen entsteht.
eu 10. 182 Seiten

Giacomo Rizzolatti / Corrado Sinigaglia. Empathie und Spiegelneurone. Die biologische Basis des Mitgefühls. Aus dem Italienischen von Friedrich Griese. eu 11. 230 Seiten

Michael Pauen / Gerhard Roth. Freiheit, Schuld und Verantwortung. Grundzüge einer naturalistischen Theorie der Willensfreiheit. eu 12. 190 Seiten

Hans Ulrich Gumbrecht / Robert P. Harrison / Michael R. Hendrickson / Robert B. Laughlin. Geist und Materie – Was ist Leben? Zur Aktualität von Erwin Schrödinger. Aus dem Englischen von Sabine Baumann. eu 13. 150 Seiten

Oswald Egger. Diskrete Stetigkeit. Poesie und Mathematik
eu 14. 160 Seiten

edition unseld
Das dritte Programm

Helga Nowotny/Giuseppe Testa. Die gläsernen Gene. Die Erfindung des Individuums im molekularen Zeitalter. eu 16. 159 Seiten

Reinhard Brandt. Können Tiere denken? Ein Beitrag zur Tierphilosophie. eu 17. 159 Seiten

Margery Arent Safir (Hg.). Sprache, Lügen und Moral. Geschichtenerzählen in Wissenschaft und Literatur. Mit Beiträgen von Roald Hoffmann, Evelyn Fox Keller, Jean-Michel Rabaté und Mieke Bal. Aus dem Englischen von Rita Seuß und Thomas Wollermann. eu 18. 152 Seiten

David Gugerli. Suchmaschinen. Die Welt als Datenbank. eu 19. 117 Seiten

Karl Eibl. Kultur als Zwischenwelt. Eine evolutionsbiologische Perspektive. eu 20. 218 Seiten

Peter Janich. Kein neues Menschenbild. Zur Sprache der Hirnforschung. eu 21. 187 Seiten

edition unseld
Das vierte Programm

Hans Magnus Enzensberger. Fortuna und Kalkül. Zwei mathematische Belustigungen. eu 22. 80 Seiten

Joachim Schummer. Nanotechnologie. Spiele mit Grenzen. eu 23. 172 Seiten

Aaron Ben Ze'ev. Die Logik der Gefühle. Kritik der emotionalen Intelligenz. Übersetzt von Friedrich Griese. eu 24. 342 Seiten

Staffan Müller-Wille/Hans-Jörg Rheinberger. Das Gen im Zeitalter der Postgenomik. Eine wissenschaftshistorische Bestandsaufnahme. eu 25. 156 Seiten

Stefan Münker. Emergenz digitaler Öffentlichkeiten. Die Sozialen Medien im Web 2.0. eu 26. 144 Seiten

Klaus Kornwachs. Zuviel des Guten. Von Boni und falschen Belohnungssystemen. eu 27. 219 Seiten